KB162783

왜 삼별초는 최후까지 싸웠을까?

19
역사공화국
한국사법정

교과서 속 역사 이야기, 법정에 서다

왜
김방경 vs 김통정
삼별초는
최후까지
싸웠을까?

글 강재광 | 그림 이주한

|주|자음과모음

　우리는 국사 수업을 통해 고려의 삼별초가 몽골군에 맞서 최후의 한 사람까지 용감무쌍하게 싸운 구국 항쟁의 용사라고 알고 있습니다. 삼별초가 1270년부터 1273년까지 강화도에서 진도로, 다시 진도에서 제주도로 무대를 옮겨 가며 줄기차게 몽골에 맞서 싸운 것은 사실입니다. 이러한 삼별초의 항쟁을 두고 어떤 역사학자들은 '민족의 자주성을 지키려 한 영웅적 투쟁' 혹은 '민족혼을 불사른 독립 항쟁'으로 높이 평가하기도 합니다. 그렇지만 이러한 삼별초의 이면에는 엄연히 빛과 그림자가 존재합니다. 가령 조선 시대에 편찬된 『고려사』에는 삼별초가 민란을 가혹하게 진압했다든지 혹은 고려 무신 정권의 부당한 권력 유지에 철저히 봉사했던 심복이었다는 점이 특히 강조되고 있습니다.

그렇다면 『고려사』의 기록이 과연 옳은 것인가, 아니면 어떤 정치적 의도를 가지고 왜곡한 기록인가? 또 한편으로는 삼별초의 정체는 과연 무엇일까? 필자는 이러한 어려운 질문에 맞닥뜨리게 되었습니다. 이러한 지적 호기심에 이끌려 수없이 고민하며 역사책을 뒤적여 보기도 하고, 역사적 상상의 나래를 펼쳐 보기도 하였지만, 삼별초를 객관적으로 평가하기란 극히 어렵다는 사실을 깨달았습니다. 그래서 필자는 삼별초와 관련된 모든 문제를 풀어헤치기 위해 이 책의 제목을 '왜 삼별초는 최후까지 싸웠을까?'라고 정해 보았습니다.

  현재 우리나라 역사학계에서 분명하게 엇갈린 평가를 받고 있는 삼별초는 우리에게 구국 항쟁의 영웅일 수도, 권력욕에 사로잡힌 간신배일 수도 있습니다. 그러나 일단 이러한 가치판단을 접어 두고, 삼별초가 여·몽 연합군에게 멸망당한 이후 그들에 대한 평가는 냉혹하리만큼 왜곡되어 왔을 가능성만큼은 열어 두어야 한다고 생각합니다. 또한 삼별초를 구성하는 야별초와 신의군은 그 창설 시기와 동기가 달랐으며, 삼별초 지휘관들이 전부 고려 무신 정권에 충성한 것은 더더욱 아니라는 점도 분명히 알아 둘 필요가 있습니다.

  이러한 측면에서 삼별초 항쟁은 삼별초 그 자체에 초점을 맞춰 다가가야 합니다. 삼별초 항쟁을 무신 정권의 연장선에서 파악할 것이 아니라, 또한 구국 항쟁의 용사라는 미화된 수식어로 치장할 것이 아니라, 삼별초 그들이 추구했던 이상과 꿈을 오늘을 사는 우리들이 되찾아 주어야 하지 않을까요? 필자는 삼별초 항쟁에 관해 전해 내려오는 다양한 견해들을 간단명료하게 정리하여 대립된 시각을 제시함으로써, 독자들에게 간편한 이해를 제시하고, 한 걸음 더 나아가 논리적 사고를 갖게 할 뿐 아니라 지적 유희까지도 제공하고자 합니다.

이 책은 고등학교와 중학교 학생들을 주 독자층으로 하고 있는 한국사 교양서입니다. 우리 꿈나무 어린이와 청소년 들이 이 책을 읽음으로써 우리 역사를 올바로 이해하여, 앞으로 자기의 소신과 주관을 가진 건전한 민주 시민으로 성장해서 대한민국의 미래를 튼튼히 책임져 주기를 바라 마지않습니다. 이는 국가의 장래가 이들에게 달려 있으며, 이들의 올바른 역사 인식이야말로 이 시대가 바라는 최상의 가치이며, 진정한 역사 발전의 원동력이 되는 것이라 생각하기 때문입니다. 여러모로 많이 부족하고 재주 없는 저를 처음부터 끝까지 물심양면으로 정성껏 도와주신 (주)자음과모음 사장님과 직원 여러분께 진심으로 감사드립니다. 상상을 초월할 정도로 헌신적 삶을 살아오신 부모님과 4년 전 병마와 싸우시다 하늘나라로 먼저 가신 형님께 이 책을 바칩니다.

강재광

차례

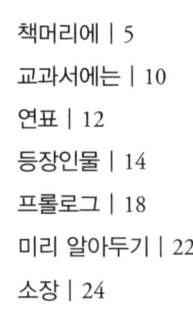

몽골의 침입으로 전쟁이 시작되고, 백성과 관군이 하나가 되어 맞서 싸웠다. 최씨 정권은 모든 주민이 섬이나 산성에 들어가서 몽골군에게 항전하도록 하였다.

중학교	역사

Ⅳ. 고려의 성립과 발전
  3. 몽골과의 전쟁과 자주성의 회복
    1) 고려는 몽골의 침입에 어떻게 맞섰는가?
      〈몽골에 맞서 싸우다〉

Ⅳ. 고려의 성립과 발전
  3. 몽골과의 전쟁과 자주성의 회복
    1) 고려는 몽골의 침입에 어떻게 맞섰는가?
      〈삼별초의 항쟁〉

고려 정부는 개경으로 환도하지만, 무신 정권의 군사적인 기반이 되었던 삼별초는 개경 환도에 반대하여 대몽 항쟁을 계속하였다. 이들은 강화도에서 멀리 진도로 내려가 여·몽 연합군과 싸워야 하였다.

정변을 일으킨 무신들은 정권을 장악하고 4대 60여 년 간 최씨 무신 정권을 유지하였다. 또한 도방과 삼별초를 두어 군사적 기반을 강화하였다.

고등학교

한국사

Ⅱ. 고려와 조선의 성립과 발전
 1. 민족을 재통일하여 발전한 고려
  3) 문벌 귀족 사회가 동요하다

Ⅱ. 고려와 조선의 성립과 발전
 1. 민족을 재통일하여 발전한 고려
  4) 고려와 이웃 나라들

계속되는 몽골의 침입에 최씨 무신 정권은 강화도로 천도하고 대몽 항전을 하였다. 실제로 대몽 항전에 적극적으로 나선 것은 하층민이었는데, 노비를 비롯한 하층민으로 구성된 군대가 몽골군을 물리치기도 하였다.

1155년	테무친, 몽골에서 탄생
1189년	테무친, 몽골부 칸에 오름
1206년	테무친, 칭기즈 칸이라 칭하고 몽골 통일
1209년	몽골, 서하(西夏) 침공
1215년	몽골, 금나라 연경 점령
1219년	칭기즈 칸, 서아시아 원정 시작
1220년	몽골군 중앙아시아의 부하라·사마르칸트 점령, 호라즘 왕조 멸함
1227년	칭기즈 칸 사망
1229년	몽골, 오고타이 즉위
1234년	몽골, 금나라를 멸함
	오고타이 사망
1241년	몽골군, 폴란드·헝가리에 진격
1260년	쿠빌라이 즉위
1271년	원 제국 성립
1279년	남송 멸망
1299년	마르코 폴로, 『동방견문록』 지음

원고 김방경(1212년~1300년)

나는 신라 경순왕의 후손으로, 백성들을 못살게 굴던 삼별초를 소탕한 고려군 총대장이었다오. 삼별초 토벌에 힘써서 그 공로를 인정받기도 했단 말이오. 그런데도 후대의 사람들이 왜 나를 못마땅해 하는지 좀처럼 이해할 수 없단 말이지. 역적 김통정의 죄상을 낱낱이 고발해서 꼭 죗값을 받도록 하겠소.

원고 측 변호사 김딴지

나, 김딴지 변호사는 역사가 그릇된 편견으로 굳어져서 후손들에게 잘못 전해지는 것을 원하지 않습니다. 원고 김방경을 도와 삼별초의 조작된 신화를 걷어버리고, 그들의 잘못을 온 천하에 드러내고야 말 것입니다.

원고 측 증인 정인지

저는 조선 초기의 문신으로, 『고려사』를 편찬한 조선시대 정치가죠. 제 생각에는 삼별초는 최씨 정권의 권력유지와 정권 안보를 위해 창설된 것이 분명합니다. 분명하고 말고요. 에헴!!

원고 측 증인 송길유

나는 처음에는 병사로 출발하였지만 최항의 눈에 들어 야별초의 중요 자리에까지 오를 수 있었소. 나는 야별초 대장군으로서 백성들을 강제로 바다 섬으로 이주시켰지. 내 명령에 따르지 않는 자에게는 가혹한 형벌을 내렸다오.

원고 측 증인 원종

짐은 고려의 제24대 국왕이라네. 짐 역시 태자 때 몽골에 다녀왔던 일이 있었던 것처럼, 왕자를 태자로 책봉하여 몽골로 보냈지. 이렇게 몽골에 성의를 보이면서 원활하게 국교를 수립하고자 했어. 친몽 정책을 써서 영리하게 강화도를 빠져나와 몽골에 항복하기도 했고 백성들을 못살게 굴던 삼별초를 몽땅 해치우라고 몽골군에게 부탁했다네.

원고 측 증인 아해

나로 말할 것 같으면 여·몽 연합군의 최고사령관이었지. 어험! 몇 번이나 진도의 삼별초군을 공격했어. 하지만 심한 배멀미와 나약함 때문에 공격다운 공격도 못해 보고 실패하고 말았지. 쩝!

원고 측 증인 흔도

나는 삼별초를 모조리 무찌른 몽골군의 총대장이라오. 아해 사령관보다는 내가 더 뛰어난 실력과 전략 전술을 지니고 있었다는 점을 알아주길 바라오.

피고 김통정(?~1273년)

나는 제주도에서 최후까지 몽골군에 맞서 싸운 삼별
초 용사였어요. 배중손 장군님이 개경 환도를 반대하
여 삼별초를 거느리고 대몽항전을 할 때 장수로 참가
하였지요. 장군님의 뜻을 받들어 몽골군을 물리치려
했는데, 생각대로 되지 않았습니다. 그런데 우리 삼
별초 항쟁의 의미를 깎아내리려는 김방경의 억지 주
장 때문에 골치가 아파요.

피고 측 변호사 이대로

역사공화국에서 명변호사로 널리 알려진 이대로
입니다. '삼별초는 항쟁이라고 불러야 마땅하다.'는
피고 김통정의 주장은 역사적 사실이자 변하지 않
는 진리입니다. 여러분, 생각해 보세요. 기존의 역
사적 평가는 다 그럴 만한 이유가 있지 않나요?

피고 측 증인 최우

나는 최충헌의 아들로 최씨 무신 정권의 제2대 집권자
이지. 내가 바로 삼별초의 주축 부대인 야별초를 창설
한 장본인이야. 야별초는 야간순찰을 하고 도둑을 단
속하는 일을 하며 도둑놈들을 소탕하는 것이 주 임무
였지. 하지만 이 야별초가 나중에는 몽골군을 물리치
는 데 큰 공을 세웠다고.

피고 측 증인 안홍민

나는 삼별초의 주축이었던 야별초의 장교입니다. 몽골군이 제6차 침입을 해 왔을 때 방호별감으로 파견되어 야별초군을 이끌고 한계성 주민을 지휘하여 몽골군을 크게 무찔렀습니다.

피고 측 증인 배중손

나는 삼별초군의 총사령관이었지요. 몽골 오랑캐놈들을 몰아내고자 진도로 본거지를 옮겨 결사 항전을 펼쳤어요. 성곽을 구축하여 장기 항전의 태세를 굳혔지요. 하지만 안타깝게도 전사하고 말았어요.

피고 측 증인 유존혁

나는 삼별초군의 부사령관이었어요. 남해도를 굳게 지키면서 배중손 장군과 힘을 합쳐 용감하게 몽골군을 막았지요.

"삼별초 항쟁이
자주적 민족 항쟁이었다고?"

여기는 지상 세계, 대한민국의 제주도라는 섬에서도 최고 명승지임을 자랑하는 항파두성. 항파두성에는 최후까지 몽골군과 싸우다가 죽은 삼별초 장병들의 영혼이 아직 영혼 세계로 가지 못하고 머물러 있다.

항파두성? 혹시 들어나 보았는지? 삼별초의 지도자 배중손 장군이 이끌었던 진도의 용장산성은 알겠는데 항파두성은 모르겠다고? 하긴 그래. 성의 이름이 좀 유별나지. 하지만 고려의 삼별초가 최후까지 결사 항전하다 꽃잎처럼 스러져 간 이 성을 기억해 두어야 하지 않을까?

오늘날 항파두성 마을에는 삼별초를 추모하기 위한 사당과 기념비가 세워져 있고, 삼별초를 다룬 영화가 매주 상영되고 있다. 그러나 이곳 항파두성을 바라보고 있노라면 최후 격전지다운 비장함과 숙연함이 느껴진다. 또한 항파두성은 탐라총관부가 있었던 곳인 만큼 몽골군 주둔지와 조랑말 사육지의 흔적이 아직 군데군데 남아 있다. 이처럼 항파두성 마을은 삼별초 항전지와 몽골 제국 지배지라는 두 가지 면을 지닌 아픈 우리 역사의 현장이다.

이곳 항파두성 마을에서 영혼들이 살기 위해서는 딱 한 가지 엄격한 규정이 있다. 그것은 바로 잘못된 역사를 바로잡는 일! 신분과 부귀를 떠나서 과거 역사를 올바로 청산한 영혼만이 항파두성 마을에서 영원토록 머물 수 있는데…….

그런데 한 노인이 긴 수염을 어루만지면서 찡그린 표정으로 항파두성 마을 입구를 어슬렁어슬렁 배회하고 있다. 누군가를 향해 말을 하고 있는 것 같다. 다가가 보자. 그가 무슨 얘길 저렇게 열심히 하는지 한번 들어나 보자.

"내가 누구냐고? 나는야, 무지막지하게 못된 삼별초 놈들을 제주도에서 무찔렀던 고려 측 사령관 김방경이라네. 내 이름이 국사 교과서에 나오지 않는 것이 이해가 되지를 않아. 그리고 나에 대한 역사적 평가가 아주 못마땅해. 왜 역사학자들과 일반 사람들은 나를 무자비한 삼별초 진압군으로만 취급하는지 도무지 알 수 없단 말이야! 최씨 무신 정권과 손을 잡고 정치를 제멋대로 하면서 온 고려 백성을 못살게 굴던 삼별초 놈들이 역적이지, 그들을 올바로 처단한 내가 왜 역적이냐고?

도저히 안 되겠어. 나라도 나서서 역사의 진실을 밝혀 억울함을

푸는 수밖에. 내가 항파두성 마을에 온 지 얼마 안 되지만 최고 변호사로 명성이 자자한 김딴지 변호사를 찾아가야겠어. 김딴지 변호사는 사람들이 과거 역사를 제대로 알고 있는지, 혹시 잘못된 역사를 청산하지 못한 것인지를 가려 사건을 맡고 있잖아.

이보시오! 김딴지 변호사! 문 좀 열어 보시구려. 긴급히 청할 말이 있소이다.

왜 모든 역사 교과서는 삼별초 편만 드는 거요? 온통 배중손과 김통정을 옹호하는 내용밖에 찾을 수 없단 말이오. 특히 김통정이라는 작자는 제주도에서 몽골군에 맞서 최후까지 항전한 영웅으로 묘사되어 있는 반면, 나는 몽골군을 끌어들여 같은 민족인 삼별초를 멸망시킨 반역자로 낙인 찍혀 있소. 더 원통한 것은 김통정이라는 자의 새빨간 거짓말을 모두 믿고 있다는 것이오. 그 작자는 삼별초가 나라를 지키고 외적을 막기 위해 창설되었다고, 역사를 왜곡하다 못해 몽골군과 싸운 국가의 주력 부대로 부풀려 말하고 있소. 뿐만 아니라 삼별초 항쟁은 자주적 민족 항쟁이라고 잘못된 해석을 고집하고 있다오.

이런 주장들은 모두 사실이 아니오. 후대의 민족주의 역사가들에 의해 조작되고 짜 맞춰진 역사 해석일 뿐이오. 제가 볼 때 삼별초는 명백한 최씨 무신 정권의 사병으로서 무신 통치자가 마음대로 부려 먹던 군사들에 불과했단 말이오. 삼별초의 주축이었던 야별초는 도적 떼를 막기 위해 창설되었다지만, 실제로는 무신 정권을 위협하는 민란을 진압하기 위해 급히 만들어진 거요. 또한 별로 용감하지도 않은 삼별초 병사들은 몽골군을 두려워하여 섬이나 산성으로 도망가서 시종일관 소극적으로 싸웠지요. 더욱이 그들이 육지의 백성들을 지휘한 것도 아니었고요. 그리고 대다수의 삼별초 장교들이 최씨 무신 정권과 결탁하여 재물과 재산을 늘리는 데 혈안이 되어 있었소. 그들은 도둑놈과 다를 바 없어요. 이것이야말로 삼별초의 죄가 아니고 무엇이란 말이오?

김딴지 변호사! 제발 내 말을 들어주오. 난 무척이나 억울하단 말이오. 삼별초 항쟁의 의미를 제대로 한번 살펴봐 달라고요!"

무신 정권과 몽골의 침략

무신들이 고려의 정권을 잡고 권력을 취해 횡포를 일삼는 동안, 나라밖 중국 대륙에서는 큰 변화가 일어나고 있었습니다. 흩어져 있던 부족들이 통일해 몽골 제국이 탄생한 것입니다. 1219년, 거란족 일부가 몽골군에게 밀려 고려의 국경을 넘은 일이 있자 고려와 몽골은 힘을 합쳐 거란족을 물리칩니다. 그리고 형제와 관계를 맺을 것을 약속하지요. 하지만 거란족으로부터 고려를 보호해 준 은인이라며 몽골은 자신들에게 공물을 바칠 것을 요구합니다. 그러던 중 몽골 사신이 살해되는 사건이 일어나고 몽골과 고려의 외교 관계는 큰 변화를 겪게 됩니다.

1231년 몽골은 침입을 하게 되고, 이후 30여 년 동안이나 끈질기게 계속 공격을 합니다. 이런 몽골의 공격에 결국 고려의 도읍인 개경을 완전히 포위당하게 되지요. 최충헌의 뒤를 이어 고려 최고의 권력자에 오른 최우는 몽골 진영에 사신을 보내 싸움을 그치고 평화를 맺을 것을 제의합니다. 이에 몽골은 강화를 받아들이고 돌아가지요.

몽골의 침입에 호되게 당한 최우는 도읍을 강화도로 옮길 것을 주장합니다. 강화도는 바다를 건너야 도착할 수 있는 섬으로 초원에서만 생활하던 몽골군에게는 공격하기 쉬운 곳이 아니었기 때문이지요. 고려가 강화도로의 천도를 결정하자 몽골은 이를 핑계 삼아 다시 군대를 고려에 보냅니다. 동진과 금을 잇달아 멸망시킨 몽골의 기세는 매우 높았습니다. 기세등등하게 쳐들어온 몽골군의 침입에 황룡사 9층 목탑 등 고려의 유물도 많이 훼손되었지요. 이러한 몽골군을 막기 위해 고려의 최씨 정권의 강력한 군사기반이었던 삼별초는 맹렬히 맞서 싸웠습니다.

그러나 고려의 고종은 1259년 태자를 몽골로 보내 강화를 청합니다. 몽골의 요구대로 강화도에 있던 도읍을 다시 개경으로 옮기면서 30여 년 동안 이어진 몽골과의 전쟁은 끝을 맺게 되지요. 이 과정 속에서 최씨 무신 정권은 막을 내리고, 원종이 왕위에 오릅니다. 원종은 가장 먼저 무신 정권의 군사 기반이었던 삼별초의 해산을 명령합니다. 몽골과의 전쟁에서 강렬히 맞서 싸운 삼별초가 몽골에게는 반드시 없애야 할 존재였던 것이지요. 하지만 삼별초는 전쟁이 끝난 뒤에도 몽골과의 강화를 반대하며 해산을 명하는 조정의 명령을 따르지 않습니다.

| 원고 | 김방경 | 대리인 | 김딴지 변호사 |
| 피고 | 김통정 | 대리인 | 이대로 변호사 |

청구 내용

중·고등학교 국사 교과서에서 삼별초의 지도자 김통정은 몽골군과 최후까지 맞서 싸운 민족 항쟁의 영웅으로 묘사되어 있으며, 실제로 대다수 사람들은 아무런 비판 없이 그것을 진짜로 믿고 있습니다. 반면 몽골과 손잡고 삼별초를 공격한 국왕 원종과 이 김방경에 대해서는 간사한 역적 혹은 민족 반역자로 매도하고 있습니다.

김통정은 삼별초 항쟁을 구국 항쟁으로 미화하는가 하면, 삼별초 부대가 애초부터 고려의 정식 군대였다고 새빨간 거짓말을 하고 있습니다. 뿐만 아니라 삼별초가 백성을 진정으로 사랑하여 그들의 목숨과 재산을 철저히 지켜 주었으며, 바다 섬과 육지 산성에 들어가 몽골군에 대항해 장기전을 이끈 주축이었다고 자랑하고 있지요.

딱 잘라 말하건대, 김통정의 이러한 모든 주장은 사실과 다르며, 역사를 제멋대로 왜곡한 억지일 뿐입니다. 삼별초는 원래 국군이 아니라 최씨 무신 정권의 사병과도 같은 존재로, 그들 마음대로 정치를 했습니다. 더구나 삼별초 고위 장교들은 최고 집권자의 부하가 되어 선량하고 덕망 있는 충신들을 마구 죽이거나 백성의 재산을 함부로 빼앗는 등 만행을 서슴지 않았습니다. 또한 몽골군과의 전투에서 그들은 지레 겁을 먹고 대부분 섬이나 험한 산성으로 도망가 싸우는 흉내만 냈지, 커다란 승리는 거둔 적이 없습니다. 그리고 그들이 진도로 내려간 이후 3년 동안 한 일이라곤 육지의 사람과 가축, 식량을 약탈하는 것이 전부였습니다. 이미 몽골 제국과 화해하기로 약속한 고려 조정의 공식 입장을 계속 무시했습니다.

이처럼 삼별초가 저지른 잘못이 분명한데도 민족주의 역사가들은 그들의 죄상을 밝히기는커녕 오히려 삼별초를 민족 항쟁의 투사로 꾸몄습니다. 이에 삼별초의 김통정을 역사 왜곡죄, 공갈죄로 고소하는 바입니다. 역적 삼별초를 제거한 나는 이제 한국사법정에서 올바르게 다시 평가 받아야 한다고 생각하며, 앞으로 항파두성 마을에서 당당히 살아가고 싶습니다.

입증 자료

- 중학교 역사 교과서
- 고등학교 한국사 교과서
  그 외 자료 추후 제출하겠음.

위 청구인 김방경
역사공화국 한국사법정 귀중

삼별초는
누구와 싸웠을까?

1. 삼별초는 어떤 부대일까?
2. 삼별초는 왜 민란을 진압했을까?
3. 삼별초는 몽골군을 물리친 주력 부대였을까?

1 삼별초는 어떤 부대일까?

"있잖아, 날마다 우리 항파두성 마을 입구를 두리번거리던 김방경이 결국 오늘 김통정 장군님께 소송을 걸었다는 소문 들었어?"

"그래? 나는 처음 듣는데? 김방경은 무슨 원통한 사연이 있어서 삼별초의 영웅이신 우리 김통정 장군님께 소송을 걸었을까?"

"그러게 말이야. 그런데 재판까지 열리는 것을 보면 김방경이 하고 싶은 말이 분명히 있긴 한가 봐. 어디 한번 가서 지켜보자고."

재판이 열린다는 소문이 삽시간에 퍼져 항파두성 마을 주민과 삼별초 장병들이 역사공화국 한국사법정에 속속 모여들기 시작했다. 법정은 사람들로 꽉 차 금세 북새통을 이루었다. 판사가 법정에 들어섰는데도 전혀 조용해질 기미가 보이지 않자, 판사가 손을 흔들며 말했다.

판사 　자자, 방청객 여러분! 조용히 해 주십시오. 오늘은 항파두성 마을에서 삼별초 부대의 진실을 가리는 역사적인 첫 번째 재판이 있는 날입니다. 원고 측 변호인은 오늘 재판의 개요를 먼저 밝혀 주십시오.

김딴지 변호사 　네, 존경하는 판사님. 오늘 재판은 삼별초가 언제, 어떻게, 왜 창설되었고, 그들의 역할이 무엇이었으며, 그들이 진정으로 몽골군을 물리친 주인공이었느냐를 놓고 원고 김방경과 피고 김통정의 진술을 통해 사실 여부를 판가름하는 데 그 목적이 있습니다.

판사 　저는 고려의 삼별초가 몽골군과 끝까지 악착같이 싸운 정의로운 부대라고 알고 있습니다만, 그렇지 않나요?

김딴지 변호사 　물론 국사 교과서에서는 그렇게 말하고 있습니다. 하지만 오늘 원고로 나서는 김방경은 그러한 주장을 정면으로 반박하고 있으며, 자신의 주장이 옳다는 것을 모든 항파두성 마을 주민과 군사들에게 밝히기 위해 이 자리에 나선 것입니다.

판사 　그렇군요. 그러면 오늘 재판을 본격적으로 시작하겠습니다. 원고 김방경은 앞으로 나와서 원고석에 앉아 주십시오.

　김방경이 앞으로 나오려 하자 피고 김통정 측 방청석에서 야유가 터져 나왔다.

　"김방경은 우리 삼별초를 멸망시킨 역적의 우두머리다! 몽골 사람이나 다름없다!"

김방경은 이에 아랑곳하지 않고 뚜벅뚜벅 뒷짐을 지고 걸어 나와 법정 앞에 섰다.

판사　자, 원고 측 김딴지 변호사! 지금부터 변론을 시작하세요.

판사의 말이 끝나기 무섭게 김딴지 변호사가 서류 뭉치를 한 아름 손에 쥐고 원고 옆으로 다가갔다. 그의 자신감 넘치는 표정에는 어딘가 모를 흥분이 배어 있었다.

공물
지방에서 중앙 정부에 바쳐야 했던 물품을 말합니다. 각종 토산물과 수공예품이 이에 해당되었지요.

김딴지 변호사　네, 판사님. 우선 재판에 앞서, 당시 시대 상황을 짚고 넘어갈 필요가 있다고 봅니다. 그래야 삼별초의 항쟁이 왜 일어났는지, 문제는 없었는지 잘 이해할 수 있을 테니까요.

판사　동의합니다. 그럼 원고 측 변호인께서 당시 고려의 대내외적 상황을 설명해 주기 바랍니다.

김딴지 변호사　네, 판사님. 지금으로부터 약 8백 년 전인 13세기 초 중국 대륙에는 거대한 변화의 바람이 불고 있었습니다. 바로 오랫동안 유목 생활을 해오던 몽골인들이 하나의 국가를 이루며 제국으로 성장하고 있었습니다. 그리하여 몽골은 주변의 여러 나라들에게 위협적인 존재가 되었습니다. 고려도 예외일 수는 없었는데요, 왜냐하면 몽골에 쫓긴 거란족의 일부가 고려로 내려왔기 때문입니다.

판사　그때 고려는 어떤 반응을 보였나요?

김딴지 변호사　당시까지만 해도 고려는 몽골과 힘을 합쳐 거란을 물리쳤답니다. 이게 고려와 몽골의 첫 접촉이었죠. 하지만 몽골은 자신들이 거란을 물리쳐 고려를 지켜 주었다며 큰소리를 치기 시작했습니다. 여기서 갈등이 일어났죠.

판사　몽골이 고려에 무리한 대가를 요구하였나요?

김딴지 변호사　네, 맞습니다. 몽골은 지나친 **공물**을 요구하며 고려를 압박했고, 두 나라 사이에 긴장이 감돌기 시작했습니다. 하지만 이렇게 위태로운 때, 하필 여기에 불을 지피는 사건이 발생했죠!

판사 그게 뭐지요?

김딴지 변호사 바로 고려에 왔다가 몽골로 돌아가던 사신 일행이 국경 지대에서 피살되는 사건이 발생했던 것입니다.

판사 저런!

김딴지 변호사 안 그래도 눈엣가시 같던 고려를 이 김에 쳐야겠다고 작정했는지, 몽골군은 고려에 쳐들어왔습니다. 이것이 몽골 1차 침입으로 1231년의 일이었죠.

판사 그러면 이후 몽골은 고려를 자주 침입해 왔나요?

김딴지 변호사 그렇습니다. 이후 30여 년간 무려 6차에 걸친 침입이 일어났기 때문에 일일이 나열하기도 힘들군요. 1259년 고려는 몽골에 표면적으로 항복했고, 1270년에 삼별초가 항쟁의 기치를 다시 올렸습니다. 몽골의 침입이 완전히 끝난 것은 1273년 제주도, 바로 이번 재판의 쟁점이 되는 '삼별초의 항쟁'에서였습니다.

판사 아, 그렇군요. 대략 이해가 갑니다. 1231년부터 30년 넘게 고려는 몽골과 전쟁을 치르느라 큰 시련을 겪었던 거네요. 그럼 그 이후 상황은 어떻게 전개되었나요?

김딴지 변호사 그 문제가 어쩌면 오늘 재판의 가장 큰 핵심일지도 모릅니다. 바로 원고와 피고의 확연히 다른 입장 차이가 이를 대변해 주고 있기 때문이죠. 고려 내부에서는 피고 측의 삼별초처럼 몽골에 맞서 끝까지 싸우자는 입장과, 반대로 당시 고려가 몽골을 이

왜 삼별초는 최후까지 싸웠을까?

기는 것은 너무 무리이기 때문에 몽골과 화해하고 강화를 맺자는 주장이 팽팽히 맞서고 있었습니다.

판사 주로 어떤 사람들이 전쟁 혹은 화해를 주장했나요?

김딴지 변호사 재판에서 자세히 다뤄지겠지만, 삼별초는 사실 최씨 무신 정권의 사병이었습니다. 그래서 무신 세력이 주축이 된 삼별초가 몽골에 맞선 반면, 무신 세력의 문제점을 지적하고 이들을 제거하려 한 새로운 세력이 몽골과 연합하여 무신 정권과 삼별초를 진압하려 했지요.

판사 그랬군요. 자, 시대적 상황은 대강 정리가 되었습니다. 그러면 이제 원고 측 신문을 시작하기 바랍니다.

김딴지 변호사 네, 판사님. 그러면 원고에게 질문하겠습니다. 먼저 자기소개를 간단히 해 주시겠습니까?

김딴지 변호사가 원고 김방경을 향해 돌아서자 김방경은 침착한 표정으로 말문을 열었다.

김방경 네, 나는 신라 경순왕의 후손으로서 경주 김씨 가문에 속한 사람이랍니다. 다 아시다시피 경주 김씨는 옛날에 신라 왕족이었고, 고려 시대에는 대단한 명문 가문이었죠. 아버지는 **병부상서**를 지내신 김효인입니다. ▶조상 대대로 문벌 귀족이라서 태어날 때부터 고귀한 신분으로서의 혜택을 누렸죠. 그래서 음서 제도를 통해서 과거 시험

병부상서
고려 시대 군사 일을 맡아보던 정3품의 관직입니다.

교과서에는

▶ 고려 시대에는 국가에 공을 세운 사람이나 고위 관료의 자식들이 과거 시험을 통하지 않고도 관리로 뽑힐 수 있는 '음서 제도'가 있었습니다.

청백리
재물 욕심이 없는 곧고 깨끗한 관리를 말합니다.

개경
현재 북한의 개성시를 가리키던 옛 지명입니다.

쿠빌라이
쿠빌라이는 몽골의 제5대 칸(왕)으로, 칭기즈 칸의 손자입니다. 중국을 통일하여 원나라를 세웠지요. 한때 고려의 도움을 받아 일본을 정복하려 했으나 태풍으로 두 차례 모두 실패하고 말았답니다.

을 치르지 않고도 관직에 진출할 수 있었습니다.

김딴지 변호사　　원고는 관직에 나아가서도 중요한 직책을 두루 거치면서 청백리로 소문이 자자하셨다지요?

김방경　　하하. 그랬지요. 그리고 몽골군이 쳐들어오자 1248년에 현재 평안도에 있는 위도라는 섬에 들어가 제방을 쌓아 농경지를 만들어 쌀을 수확했으며, 우물을 파서 식수를 공급해 그곳으로 피란을 와 있던 군사와 백성의 목숨을 구했지요. 그때는 우리 고려가 수도를 개경에서 강화도로 옮기고 몽골군과 싸우던 시기라서 저는 어쩔 수 없이 국가의 명령대로 행동했습니다. 그렇지만 전쟁에서는 점차 불리해지고, 나라는 파탄지경에 이르게 되었지요. 이에 국왕 원종께서 몽골의 황제 쿠빌라이를 몸소 만나 보시고 몽골 제국과 더 이상 싸우지 않고 화해하기로 결심하셨답니다. 그래서 옛 수도인 개경으로 돌아오게 됨으로써 상황이 급변했지요. 이것이 바로 1270년에 있었던 개경 환도(開京還都)입니다.

김딴지 변호사　　개경 환도요? 여기서 '환도'란 무엇을 뜻하지요?

김방경　　돌아올 '환'에 도읍 '도' 자를 써서 전쟁이나 내란으로 잠시 피신했던 임금이 다시 원래의 도읍지로 돌아오는 것을 뜻합니다. 즉, 고려 정부가 임시 수도였던 강화도에서 원래 수도인 개경으로 다시 돌아온 일을 말합니다. 이 시점에서 '개경으로 돌아가겠다', '돌아가지 못하겠다' 이렇게 의견이 갈렸던 거고요.

김딴지 변호사　　원고는 임금과 함께 개경으로 돌아가 몽골과 화해를 하자는 입장이었고, 피고 김통정은 개경으로 돌아가지 않고 끝까지 몽골과 싸우겠다는 것이었죠?

김방경   네, 그렇습니다. 나는 본래 임금을 섬기던 충신이라서 왕의 뜻을 어길 수 없었어요. 그래서 이후 임금의 명령을 받들어 고려군 총사령관이 되어 몽골군과 함께 진도, 제주도의 삼별초를 공격해 이를 물리쳤습니다.

김딴지 변호사   고려 정부가 오히려 몽골군과 손을 잡고 삼별초를 물리치려 했었다는 것이군요. 씁쓸한 일입니다…….

김방경   나도 이 부분은 유감으로 생각합니다. 그러나 삼별초는 몽골과의 민감한 외교 관계를 무시하고 고려 정부를 뒤엎으려 했던 국가 반역 세력이었기 때문에 어쩔 수 없었습니다. 한편 우리 고려 정부는 더 나아가 1274년과 1281년, 두 차례에 걸쳐 몽골과 함께 영원한 라이벌 일본을 공격했지만 거친 풍랑과 태풍 때문에 결국 실패하였지요.

김딴지 변호사   원고의 화려한 인생을 **일목요연**하게 참 잘 정리하시는군요. 감사합니다. 게다가 당시 시대 상황까지도 자세히 이해할 수 있었습니다. 그런데 여기서 삼별초가 도대체 어떤 세력이었는지를 짚고 넘어가야 할 것 같습니다. 원고께서 삼별초는 어떤 부대인지 설명해 주시겠어요?

김방경   삼별초는 본래 최씨 무신 정권이 자신의 권력 유지를 위해 급히 만든 **사병** 부대입니다. 당시 고려는 무신들이 정권을 꽉 잡고 있었죠. 고려는 처음에 문신들이 권력을 차지하고 있던 문벌 귀

무신정변
1170년 고려 의종 24년에 정중부와 이의방, 이고를 주축으로 한 무신들이 보현원에서 일으킨 쿠데타입니다.

교정도감
고려 시대의 무신 집권자 최충헌이 설치한 최고 정치 기관입니다. 『고려사』에는 '최충헌이 정권을 독차지함에 따라 모든 일이 교정도감에서 나왔다'라고 쓰여 있지요. 교정도감의 권한이 어땠을지 상상이 가지요?

도방
고려 시대에 무신 집권자들이 자신의 신변 보호와 권력 유지, 그리고 정사를 논하기 위해 만든 기구입니다.

족 사회를 이루었는데, 문신 우대와 무신 차별에 따른 무신들의 불만이 폭발하면서 1170년에 **무신 정변**이 일어났던 겁니다. 그래서 그때 정변을 일으킨 무신들이 많은 문신들을 죽이고 정권을 장악한 뒤, 이후 약 1백 년간 권력을 마구 휘둘렀지요. 당시 집권자였던 최충헌은 최고 통치 기구인 **교정도감**과 사병 기구인 **도방**을 설치하여 자신들의 신변을 보호했답니다. 도방이 삼별초와 함께 최씨 무신 정권을 유지하는 군사적 기반이 되었음은 말할 것도 없고요.

김딴지 변호사　아, 그랬군요! 그래서 원고는 삼별초가 무신 정권의 꼭두각시였다고 주장하며 이번 소송을 제기한 것이었군요?

김방경　네, 맞습니다. 삼별초는 사실 사람들에게 알려진 것과 다르게 이러한 모순적 배경을 안고 탄생한 조직이었습니다. 삼별초가 어떻게 구성되었는지 좀 더 말씀드려 볼까요? 고려 후기의 대학자 이제현이 쓴 『역옹패설』이라는 책을 보면, 삼별초는 야별초, 마별초, 신의군으로 구성되어 있다고 나옵니다. 야별초는 최씨 무신 정권의 제2대 집권자 최우가 민란을 막기 위해서 창설한 부대로서 마치 폭도를 때려잡는 경찰과도 같았습니다. 그리고 역시 최우가 만든 마별초 부대는 멋진 말을 타고 휘황찬란한 깃발을 들면서 국왕이나 최씨 정권을 호위하는 근위대였습니다. 최우가 죽자 최씨 무신 정권의 제3대 집권자 최항은 몽골군에게 포로가 되었다가 기적같이 탈출한 병사를 중심으로 신의군을 편성합니다. 훗날 만들어진 이 신의군은 야별초와는 성격이 약간 다르다고 할 수 있죠. 바로 야별초, 마별초, 신의군을 통칭하여 삼별초라고 하는데, 이는 최씨 무신 정권에 철저히 봉사한 사적인 병력이었던 거죠.

　김방경의 발언이 끝나자 원고 측 방청객들은 흡족한 표정을 지으며 옳다고 수군거렸다. 하지만 그때까지 가만히 피고석에 앉아 있던 피고 김통정은 도저히 참을 수 없다는 표정으로 자리에서 벌떡 일어나며 외쳤다.

김통정　우리 삼별초가 야별초, 마별초, 신의군으로 이루어졌다고? 그런 새빨간 거짓말이 어디 있어? 말도 안 돼요! 그렇지 않습니다!

　피고 김통정이 홍분을 가라앉히지 못하자 판사가 이를 제지하고 나섰다.

판사　자자, 피고, 일단 진정하세요. 법정에서 이렇게 소란을 일으키시면 곤란합니다. 곧 반론의 기회를 충분히 드리겠습니다. 일단은 원고의 변론이 끝나지 않았으니 끝까지 한번 들어 봅시다.

　피고 김통정은 그제야 분을 가라앉히며 자리에 앉았고, 원고 측의 김딴지 변호사는 이에 아랑곳하지 않고 계속해서 원고 김방경에게 하던 질문을 이어 갔다.

김딴지 변호사   흠, 원고의 증언대로라면 삼별초는 최씨 무신 정권의 사병일 뿐, 본래 고려의 국군이 아니었군요. 그렇다면 고려의 국군은 무엇인가요?

김방경   ▶본래 고려의 국군은 2군6위입니다. 다시 한 번 강조하지만 삼별초는 최씨 무신 정권이 부당한 권력을 계속 유지하고, 백성들을 억압하기 위해서 만든 사병에 불과했다니까요.

김딴지 변호사   네, 잘 알았습니다.

김딴지 변호사는 몸을 돌려 판사를 보며 말을 계속했다.

김딴지 변호사   판사님, 원고의 주장대로 삼별초는 최씨 무신 정권의 사병이었습니다. 이를 증명하기 위해 고려 시대의 역사책인『고려사』와『고려사절요』를 펴낸 조선 시대의 대유학자 정인지를 증인으로 채택하는 바입니다.

판사   원고 측 변호사의 증인 신청을 허가합니다. 정인지는 나와서 선서하십시오.

이때 조선 시대 정3품 당상관이 입는 빨간색 관복을 입은 점잖게 잘생긴 남자가 복도를 따라 걸어 들어왔다. 그는 손에『고려사』를 들고 해당 부분을 뒤적이고 있었다.

정인지   선서, 나는 조선 시대 대표적인 학자답게 한국

교과서에는

▶ 고려는 중앙에 '2군6위' 구조의 군대를 설치했습니다. 2군은 왕궁을 지키는 임무를 맡았고, 6위는 개경과 국경의 방어를 담당했지요. 그 외에도 지방의 치안을 담당하던 주현군과, 양계와 같은 변경 지역을 방어하던 주진군이 있었습니다.

사법정 앞에서 거짓을 거부하고 오로지 진실만을 말할 것을 맹세합니다!

김딴지 변호사 증인은 삼별초의 성격을 공식적으로 규정한 인물로도 유명한데요, 도대체 삼별초라는 부대의 성격을 어떻게 보시는지요?

정인지 나는 『고려사』에 삼별초에 대해 이렇게 써놓았지요. 삼별초는 최고 권력자의 눈짓과 턱짓에 따라 움직였던 정치권력의 행동부대였다고 말입니다.

정인지의 발언이 시작되자마자, 피고 측 김통정의 지지자들은 아우성을 쳤다.

"뭐라고? 저 사람이! 삼별초 부대를 왜곡해 기록한 장본인이 또 말을 함부로 하다니!"

판사 자자, 피고 측 방청객들은 인신공격을 자제해 주시고, 소란을 피우지 마시기 바랍니다. 이러면 재판을 진행할 수 없습니다. 부디 공정한 재판이 진행될 수 있도록 협조 부탁드립니다. 그럼 증인은 증언을 계속해 주시지요.

정인지 네, 존경하는 판사님. 삼별초의 주요 임무가 민란을 진압하거나 좀도둑을 잡는 것이었으므로 국방의 의무와는 전혀 상관이 없었답니다. 특히 야별초는 무신 정권에 불만을 가진 사람이면 누구라도 가리지 않고 잡아 죽였죠. 그리고 몽골군과 싸우기보다는 무신

심복
마음 놓고 부리거나 일을 맡길 수 있는 사람을 의미합니다.

정권에 충성하고 봉사하기 위한 임무에만 충실했죠. 그러니까 삼별초의 역할이라는 것은 어디까지나 '무신 정권의 입맛에 따라 백성을 억누르고, 임시 수도에 불과했던 강화도를 지키는 데 있었다' 이 말입니다. 삼별초는 사실상 최씨 무신 정권을 위한 정치군인이었습니다. 정치군인이었던 그들이 고려의 국군일 리 없다는 것은 너무도 당연합니다.

정인지의 발언에 원고 측 김방경의 방청객들은 "옳소! 옳소!" 하며 박수를 쳤고, 피고 측 김통정의 방청객들은 말도 안 된다는 듯 인상을 찌푸렸다.

김딴지 변호사　　아, 그래요? 지금 삼별초가 정치군인이었다는 증언이 나왔습니다. 그러면 이번에는 삼별초가 왜 정치군인이었는지를 정확히 꿰뚫고 있는 원고 김방경이 상세히 설명해 주시겠어요?

교과서에는

▶ 무신 정권이 수립된 이후 지배층에 대한 하층민의 저항 운동이 활발하게 일어났습니다. 무신 집권자 가운데에는 노비 출신이던 인물도 있었기 때문에 당시 고려 사회의 신분 계급이 흔들리는 모습이 보였고, 이에 따라 하층민의 신분 상승에 대한 기대감이 커졌던 것도 하나의 배경으로 작용했습니다.

김방경　　네. ▶최우의 노비 출신이었던 김준이라는 인물이 최씨 무신 정권의 마지막 집권자 최의를 죽였을 때 삼별초가 동원되었죠. 이후 김준의 **심복** 임연이 김준을 죽였을 때나 송송례라는 임연의 측근이 임연의 아들 임유무를 죽였을 때에도 역시 삼별초가 동원되었답니다. 정권이 바뀔 때마다 삼별초가 이렇게 이용된 것을 보면, 정인지의 증언처럼 나 역시 삼별초가 정치군인이었다는 것을 확신

합니다. 그들은 정치권력을 장악하기 위해서라면 못할 짓이 없었으니까요!

김딴지 변호사　　삼별초가 정치군인이라는 점 말고, 다른 특징을 설명하자면 어떤 게 있지요?

김방경　　결정적인 걸 말해 주겠소. 그들은 무신 정권으로부터 온갖 경제적 특혜를 받았던 특권층이었습니다. 무신 정권에 충성하기만 하면 그들은 많은 토지와 노비, 그리고 금은보화 등 재물을 받았어요. 그랬기 때문에 물불을 안 가리고 나쁜 짓을 서슴지 않았던 것이지. 암, 그렇고말고!

김딴지 변호사　　원고의 증언대로 삼별초는 정치군인일 뿐만 아니라, 경제적으로도 특혜를 받던 부당한 계층이었군요! 어떻습니까? 존경하는 판사님, 그리고 배심원 여러분, 이래도 삼별초가 정의롭고 명예로운 부대입니까?

이때까지 불편한 심기를 숨기며 잠자코 있던 피고 측의 이대로 변호사가 김딴지 변호사를 노려보며 말문을 열었다.

이대로 변호사　　존경하는 판사님. 지금 원고 측은 자기편에게 유리한 역사 해석만 계속하고 있습니다. 저에게 이러한 왜곡을 반박할 수 있는 기회를 주시기 바랍니다.

판사　　좋습니다. 피고 측 변호사가 특별히 근거로 내세울 만한 것이 있다면 변론을 진행하세요.

이대로 변호사 네, 먼저 피고 김통정에게 직접 질문하고 싶습니다.

판사 네, 좋습니다.

이대로 변호사 피고는 훌륭한 삼별초 지휘관이십니다. 삼별초는 어떻게 구성되어 있나요? 아까 피고는 직접 하고 싶었던 말씀이 있었죠? 원고 측 주장이 맞나요?

김통정 일단 분명히 말씀드리자면, 우리 삼별초는 원고 측이 주장한 대로 야별초, 마별초, 신의군으로 구성된 것이 아닙니다. ▶야별초의 좌별초, 우별초와 신의군을 합해 삼별초라 통칭합니다. 야별초는 1220년대에, 신의군은 1250년대에 탄생하였죠. 이 점을 지적하고 싶군요.

이대로 변호사 아, 그래요? 원고 측의 주장대로 야별초, 마별초, 신의군을 합해 삼별초라고 부르는 것이 아니라 좌별초, 우별초, 신의군을 합해 삼별초라 부르는군요. 그럼 왜 마별초 삼별초에서 빠지죠?

김통정 마별초는 그야말로 최씨 무신 정권의 사병입니다. 도방과 더불어서 무신 정권의 심복 노릇을 했죠. 깃발 퍼레이드 행사만 했던 의장대인 마별초는 우리 용맹한 전투부대 삼별초와는 전혀 성격이 다르죠. 그들은 전쟁을 할 줄 모르는 나약한 군졸들이었으니까요!

이대로 변호사 아, 네! 잘 알았습니다. 그렇다면 피고! 야별초는 왜 좌별초, 우별초로 나뉘었나요?

김통정 도적 떼가 늘어나자 이를 진압할 야별초 병력도 늘려야 했으니까요. 이렇게 커진 야별초 병력을 좌우로 나

누어 좌별초, 우별초를 구성한 것입니다.

이대로 변호사   이제 중요한 문제를 다룰 차례입니다. 정확히 답변해 주십시오. 피고는 국군이었습니까, 아니면 무신 정권의 사병이었습니까?

김통정   당연히 국군이었죠. 몽골이 쳐들어오기 전부터 고려의 국군인 2군6위는 무너져 있었습니다. 따라서 기존의 허약한 국군인 2군6위를 대신할 새로운 국군이 필요했는데, 바로 그것이 삼별초였습니다. 우리 삼별초는 고려 정부를 무너뜨리려는 불순한 무리를 무찌

녹봉

녹봉이란 옛날 벼슬을 하던 관리들에게 나라에서 일 년이나 계절 단위로 봉급처럼 일한 대가를 주던 것을 말합니다. 쌀, 보리, 옷감, 돈 등이 이에 해당했지요.

르기도 했지만 대부분은 몽골군과 싸우는 데 힘을 쏟았습니다. 애국심으로 똘똘 뭉친 우리 삼별초는 국가로부터 공식적인 녹봉을 받았고, 쌓은 공에 따라 높은 무관 직책으로 승진했습니다. 이것은 여기 모인 삼별초 장병이라면 누구나 인정하는 사실입니다.

김통정의 발언이 끝나자마자 피고 측 방청객들은 "옳소! 옳소!"하며 환호성을 질렀다. 이 모습에 흐뭇한 듯 이대로 변호사는 계속 말문을 이었다.

이대로 변호사　잠시 전에 원고 측이 삼별초가 정치군인이라고 몰아붙였는데, 동의하시나요?

김통정　절대 동의하지 않습니다. 삼별초가 정치군인이라니요? 오히려 우리는 별초의 일종으로, 명백한 고려 국군입니다.

이대로 변호사　아, 피고, 잠깐만요. 별초라고 했나요? 별초가 무엇인지요?

김통정　별초란 '특별하게 용감무쌍하고 기운이 센 무사를 가려 뽑은 부대'를 말합니다. 전투력이 강한 특수 부대이지요. 바로 삼별초는 별초의 일종이라는 말입니다. ▶본래 별초는 고려 숙종 때 여진족을 무찌르기 위해 만든 별무반에서 기원합니다. 다 아시다시피 별무반은 고려 백성들 가운데 신분과 출신을 가리지 않고 용감한 자들을 뽑아

교과서에는

▶ 12세기에 거란이 쇠퇴하자 여진족이 동북 아시아 지역에서 점차 힘을 키우게 되었고, 고려를 위협하기 시작했습니다. 이에 고려는 1104년에 윤관의 지휘 아래 '별무반'을 편성하여 여진 정벌을 단행했습니다. 그리하여 여진족을 물리치고 동북면 지역에 9성을 설치하였지요.

17만 대군으로 구성되지 않았습니까? 별무반이 사병이 아니라는 것은 누구라도 다 알고 계실 겁니다.

마찬가지로 2군6위를 대신한 삼별초도 별무반처럼 생각할 필요가 있습니다. 별무반이나 삼별초 모두 사병이 아니라는 이야기입니다. 다만 같은 별초라도 별무반은 임시로 만들었다가 곧 해체됐던 반면, 삼별초는 최씨 무신 정권기에 정식으로 창설되어 줄곧 유지되었지요.

이대로 변호사　　그렇군요. 그런데 원고 측에서 얼토당토하지 않게 삼별초가 정치군인이자 사병이었다고 거짓으로 말하는 이유가 무엇일까요?

김통정　　그거야 삼별초 군인들 중에 무신 집권자의 총애를 받아 출세한 몇몇 심복들 때문이죠. 그자들이 못된 짓을 해서 전체 삼별초 장병들을 욕먹게 하는 겁니다. 대다수의 삼별초 장병들은 용감하고 선량합니다. 그들은 국가의 명령에 의해서 도적 떼를 무찌르고 몽골군을 물리쳤습니다. 어찌 삼별초 전체가 무신 정권의 사병 혹은 정치군인일 수 있겠습니까? 더구나 제가 듣기로 원고 측 증인인 정인지가 쓴 『고려사』 병지에도 삼별초가 기록되어 있다고 합니다. 사병이나 정치군인이라면 국가의 공식적 군대를 기술한 『고려사』 병지에 이름을 올리지조차 못했을 겁니다.

이대로 변호사　　바로 그것이군요. 『고려사』 병지에 기록될 정도라면 삼별초가 국군이라는 결정적 증거인 셈이군요. 그런데도 한 가지 의문이 드는 것은 『고려사』 병지에 삼별초가 마치 최씨 무신 정권의

병지
『고려사』는 세가(世家) 46권, 지(志) 39권, 연표(年表) 2권, 열전(列傳) 50권, 목록 2권 등 총 139권으로 이루어진 방대한 양의 고려 역사책입니다. 병지는 군사에 관한 내용을 다룬 12지 중의 하나지요.

사병인 것처럼 기록된 것은 무엇 때문인가요? 명쾌한 답변을 부탁드립니다.

김통정　그 이유는 매우 간단합니다. 고려를 멸망시키고 새로 등장한 조선 왕조의 유학자들이 국왕을 충성으로 섬겨야 한다는 유교 이념에 충실한 채, 고려 무신 정권을 정통성 없는 정권으로 강렬히 비판했기 때문이죠. 그들 눈에는 고려 무신 정권 이후 등장한 삼별초 정권 역시 정통성이 전혀 없는 것으로 비춰졌겠죠. 따라서 정인지는 삼별초를 무신 정권의 사병으로 기록해 놓았던 겁니다.

　김통정의 발언이 모두 끝나자 피고 측 방청객들은 김통정을 존경스런 눈으로 바라보았으며, 이대로 변호사는 방어에 성공했다는 듯 안도의 한숨을 내쉬었다. 반면 김딴지 변호사는 무언가 못마땅하다는 듯 서류를 뒤적이면서 다음 자료를 찾고 있었다.

이대로 변호사　존경하는 판사님. 피고의 증언대로 삼별초는 별초로서 좌별초, 우별초, 신의군으로 구성되어 있으며, 당연히 국군일 뿐만 아니라 정규군만 이름을 올리는 『고려사』 병지에도 당당히 기록돼 있습니다. 이쯤하면 삼별초가 사병이자 무신 정권의 심복이었다는 원고 측 주장이 거짓이라는 게 확실해졌다고 봅니다.

판사　원고와 피고 측 증언으로 삼별초 부대의 성격과 역할이 어느 정도 드러났다고 봅니다. 원고 측은 삼별초가 무신 정권의 개인적인 목적으로만 활용되었으므로 사병이자 정치군인이라는 것이고,

피고 측은 공적인 목적으로 창설되었기 때문에 국군이라는 것인데요, 판사인 저로서도 쉽게 결론을 내리기가 어렵군요. 시간이 상당히 지나갔기 때문에 이어서 다음 안건을 진행하도록 하겠습니다.

음서 제도, 조상의 음덕으로
관직을 얻는다?

고려 시대에는 현대의 관점에서 보면 참 이해하기 어렵고 비합리적인 관리 선발 제도가 있었습니다. 바로 '음서(蔭敍)제도'인데요, 조상이 공을 세우거나 고위직일 경우에 그 자손은 과거 시험을 통하지 않고도 관직을 얻을 수 있던 제도를 말합니다. 오늘날에 비유하여 쉽게 말하자면 나라에 공헌한 고위 공직자나 나라를 위해 희생한 국가유공자의 자녀가 공무원 시험을 치르지 않고도 공직자가 될 수 있는 것이나 마찬가지였지요.

당시 음서 제도의 혜택은 원칙적으로 만 18세 이상의 첫째 아들에게만 주어지도록 되었지만, 상황에 따라 다르게 적용되기도 했습니다. 또한 아버지나 할아버지의 정치적 배경에 따라 승진 속도가 달라지기도 했지요. 고려는 강력한 혈통 중심주의의 신분제 사회였기 때문에 고위 관리층을 형성한 세력은 음서 제도를 통해 그들의 지위를 대대로 세습하고자 하는 욕구를 드러냈던 것입니다.

고려 시대에 음서 제도를 통해 선발된 관리는 '음관'이라는 별도의 호칭으로 불렸고, 해당 관리들은 평생 이를 부끄럽게 여겼다고 합니다. 오늘날에는 고위 공직자의 자녀가 공무원 채용 시 조금이라도 우대 받았다는 사실이 적발되면 '현대판 음서 제도의 부활'이라며 여론의 호된 비판을 받습니다. 예나 지금이나 조상 덕에 관직에 오르는 것은 떳떳한 일이 아니었던 것이지요.

삼별초는
왜 민란을 진압했을까?

2

판사　　원고 측이 삼별초 부대의 역할을 증언하면서 중요하게 부각한 것이 바로 민란 진압입니다. 이 문제에 대해서 김딴지 변호사는 변론을 시작해 주세요.

김딴지 변호사　　네, 판사님. 중요한 점을 지적해 주시고, 변론할 기회를 주셔서 감사합니다. 먼저 원고에게 묻겠습니다. 삼별초는 왜 민란을 진압하는 데 앞장섰나요?

김방경　　그것은 삼별초 장병들이 민란을 무자비하게 진압함으로써 공을 인정받아 승진하고 싶어 했기 때문이죠. ▶당시 백성들은 최씨 무신 정권의 폭정과 경제적 수탈에 신음하고 있었기 때문에 온 나라 여러 곳에서 민란이 들끓고 있었지요. 그런데도 백성의 민생 문제를 해결해 주기는

> **교과서에는**
>
> ▶ 12세기에 가혹한 수탈을 견디지 못한 백성들은 종래의 소극적 저항에서 벗어나 대규모의 봉기를 일으켰습니다. 최충헌이 정권을 장악한 뒤, 회유와 탄압으로 민란이 조금 수그러들기는 했지만 천민들에 의한 신분 해방 운동이 다시 일어났지요.

커녕 오히려 그들을 무력으로 진압하는 데 온 힘을 다 쏟아 붓고 있었지요. 조국의 백성을 공격하는 군대가 정상적인 군대는 아니라고 생각합니다. 삼별초는 그야말로 권력의 시녀와도 같았죠.

김방경의 진심 어린 증언이 흘러나오자 원고나 피고 측 할 것 없이 방청석 분위기가 숙연해졌다.

김딴지 변호사　원고의 증언을 들으니 그 당시 고려 백성의 처지가 가련해지네요. 삼별초가 창설된 이후 발생한 대표적인 민란은 어떤 게 있었지요?

김방경　최우가 1232년 6월, 강화도로 수도를 옮기던 전후부터 무신 정권에 반대하는 민란이 끊이질 않았습니다. 충주 관노의 난, 이통의 난, 경주민의 반란, 이연년의 난 등이 대표적이죠. 이러한 유명한 민란은 규모가 큰 편이에요. 이외에도 이름조차 역사에 남기지 못한 크고 작은 항쟁이 들불처럼 번져 갔습니다.

김딴지 변호사　그럼 최씨 무신 정권은 민란을 어떻게 진압했나요?

김방경　내가 민란을 직접 진압한 사령관이 아니라서 구체적으로 답변할 수는 없습니다. 하지만 백성들을 말로 설득하지 않고, 야별초가 중심이 된 무시무시한 전투 병력으로 인정사정 볼 것 없이 죽이거나 불태웠다고 들었습니다. 가슴 아픈 일이지요.

김딴지 변호사　삼별초 중에 야별초가 민란을 진압한 중심 부대였던 셈이군요. 지금부터 삼별초가 민란을 진압할 수밖에 없었던 상황을 분석해 보도록 하겠습니다. 그러면 이번에는 피고에게 질문하겠습니다. 무신 정권 시기 전체를 놓고 볼 때, 강화도로 수도를 옮긴 이후 민란이 많았나요?

민란이 발생한 시기가 쟁점으로 떠오르자, 피고 김통정은 단호한 표정을 지으며 자리에서 일어나 말했다.

김통정   그렇지 않습니다. 민란은 1232년 강화도로 수도를 옮긴 이후보다 1170년 무신 정변 직후에 자주 일어났습니다. 다 알다시피 망이·망소이의 난, 김사미와 효심의 난, 조위총의 난, 죽동의 난 등 이루 셀 수 없는 민란이 발발했었죠. 그때는 민란 주동자들도 나름대로 명분이 있었답니다. 가령 부도덕하고 포악한 무신 집권자를 몰아낸다든지, 가렴주구를 일삼던 지주와 향리를 찾아낸다든지 하는 순수한 명분이 있었죠. 결단코 고려 왕조를 무너뜨리려는 민란은 아니었습니다.

이대로 변호사   그렇군요. 그런데도 좀전에 원고 측 증인들이 한결같이 1232년 강화도로 수도를 옮긴 이후 민란이 많이 발생했다고 억지를 부리는 것은 무슨 까닭입니까?

김통정   그거야 좀도둑들이 들끓던 것까지 모두 민란에 포함시키기 때문이죠. 순수한 민란과 좀도둑들의 도적 행위는 각각 다른 것으로 파악할 필요가 있어요.

이대로 변호사   그럼 좀도둑들의 도적 행위는 민란에서 제외해야

겠군요.

김통정　당연하죠. 우리 삼별초로서도 민생 파탄과 같은 명분이 있는 민란을 진압한다는 것은 골치 아픈 문제였죠. 하지만 좀도둑 진압은 전혀 다른 문제예요. 좀도둑들은 어디까지나 도적 떼에 불과했으니까요.

이대로 변호사　네, 잘 알겠습니다. 존경하는 판사님과 방청객 여러분! 지금까지 나온 증언을 종합해 보면, 당시 민란은 대체로 어떤 불순한 의도가 있는 반역 행위였음을 알 수 있습니다. 그런데도 원고 측은 마치 삼별초가 모든 정의로운 민란을 무자비하게 진압한 나쁜 무리였던 것처럼 몰아세우고 있습니다. 나라를 어지럽히는 좀도둑 무리들이 주축이었던 민란을 진압한 삼별초는 충신이자 영웅입니다. 이상입니다.

이대로 변호사가 얼굴에 미소를 머금으며 자신 있게 말을 끝마치려 하자, 김딴지 변호사가 벌겋게 상기된 표정으로 자리에서 일어나며 말했다.

김딴지 변호사　이대로 변호사는 지금 마치 5·18 민주화 항쟁을 무차별 진압한 공수부대라도 되는 양 '삼별초'를 칭찬하고 있는 듯하군요. 민란을 무자비하게 진압한 삼별초는 무신 정권의 꼭두각시였는데 말이에요! 사병으로서 권력욕에 도취되어 맹목적 충성을 한 것이지요. 역사는 정의의 편이라고요!

이대로 변호사   말도 안 됩니다! 당시 역사를 바로 보지 못하는 것은 내가 아니라 원고 측이지요. 고려 왕조를 뒤집으려는 민란을 진압한 것은 칭찬받을 일이었어요.

판사   자자, 양측 변호사는 진정하세요. 두 변호인의 입장은 충분히 이해했습니다. 더 이상 그런 일로 시간 끌지 말고 다음 안건으로 넘어가도록 합시다.

왜 삼별초는 최후까지 싸웠을까?

삼별초는 몽골군을 물리친 주력 부대였을까?

판사 오늘 재판의 세 번째 안건은 삼별초가 몽골군을 물리친 주력 부대였는지, 그렇지 않은지를 가려보는 것입니다. 여기서 논의의 대상이 되는 시기는 1270년 삼별초 항쟁 이전까지로 좁혀 보겠습니다. 1270년부터는 삼별초가 몽골군과 싸우는 주역이었다는 게 분명한 사실이니까요. 그럼 원고 측 변호사는 사건 심리를 시작하세요.

김딴지 변호사 아까 원고의 자기소개를 들어보니 평안도에 있는 위도라는 섬에 들어가 몽골군과 맞서 싸운 적이 있던데요. 그때 원고는 삼별초 병사와 더불어 위도에 있었습니까?

김방경 그렇습니다. 내가 국왕으로부터 목숨을 걸고 위도를 지키라는 임무를 받았을 때에는 삼별초의 주축을 이루는 야별초 병력과 함께 있었습니다. 위도는 청천강 하구에 있는 워낙 중요한 **전략해도**

(戰略海島)였기 때문이죠.

김딴지 변호사　마지막에는 결국 몽골과 힘을 합쳐 삼별초를 치기는 했지만, 처음에는 삼별초와 힘을 합쳐 몽골에 맞선 적도 있었다는 뜻이군요.

김방경　그렇습니다. 처음에야 당연히 고려 사람들이 모두 한마음 한뜻으로 외적에 맞섰지요. 나중에 고려 정부가 전쟁을 피하려고 몽골과 화해한 뒤에는 이를 받아들이지 않고 끝까지 버티는 삼별초를 제압한 것뿐이고요.

김딴지 변호사　음, 듣고 보니 이해가 되는군요. 그럼 이제 원고가 위도에서 야별초와 함께 몽골군에 맞서 싸울 때 상황을 좀 더 설명해 주시죠.

김방경　네, 그런데 모든 야별초 병사들이 많은 섬들에 분산 배치되지는 못했어요. 그들은 숫자가 적었으므로 중요한 몇몇 섬들과 산성들에 배치되어 있었을 뿐이죠.

김딴지 변호사　그렇다면 수적으로 열세인 야별초로는 사나운 야수와 같은 몽골군에 대적하기가 쉽지 않았겠네요?

김방경　물론이죠. 삼별초의 주력 부대라고 할 수 있는 야별초가 섬이든 산성이든 주요 요충지에 파견되어 있었던 건 사실이지만 그들이 전국 각지에 보내진 것은 아니었거든요. 때문에 그들은 현실적으로 보았을 때 몽골군을 물리칠 수 없었습니다.

김딴지 변호사　단지 야별초의 병력수가 적어서 그랬던 건가요? 아니면 몽골군의 기병 부대가 두려워서 그런 겁니까?

김방경 　둘 다죠. 우선 야별초 병력은 1만 명도 되지 않았어요. 더구나 다 알다시피 당시 몽골 기병대는 그 속도와 파괴력이 세계 최강 아니었습니까? 싸워 봐야 아무런 승산이 없었습니다.

김딴지 변호사 　당시 몽골군의 고려 침입 규모는 어땠나요?

김방경 　내가 일일이 몽골군 숫자를 세어 본 것은 아닙니다만, 몽골 쪽에 심어 놓은 고려 측 첩자들의 보고에 의하면, 넉넉히 2~3만 명 정도는 되었다고 합니다.

김딴지 변호사 　아, 그렇군요. 원고의 증언을 들으면 들을수록 삼별초가 몽골군을 물리치기는 어려웠겠다는 판단이 드네요. 그렇다면 1270년, 삼별초가 반란을 일으켜서 본격적으로 몽골 제국에 항전하기 이전에 그들이 몽골군을 물리친 사례가 있나요?

김방경 　물론 일부 있기는 하죠. 하지만 그들은 정정당당하게 싸우기보다는 비겁한 전술을 펼치곤 했습니다. 가령 산등성이에 숨어 있다가 갑자기 몽골군의 뒤통수를 친다든지, 야간에 기습한다든지, 아니면 휴식 시간에 공격하는 식으로 극히 소극적 전술만 썼답니다. 더욱이 한심한 것은 몽골과의 가장 중요한 전쟁이었던 1231년, 제1차 몽골 침입 당시 야별초는 전쟁터에 나가지도 않았답니다.

김딴지 변호사 　그래요? 삼별초의 가장 핵심적인 전투 부대라면서 왜 몽골군과의 전쟁에 참여하지 않았나요?

김방경 　나도 이런 답변을 하게 되어 같은 고려인으로서 매우 부끄럽게 생각합니다. 그거야 그들이 개경에 있는 최우의 집을 호위하느라고 전쟁터에 나갈 생각은 엄두고 못 냈기 때문이죠. 이러니 내가 삼별초를 무신 정권의 사병이자 꼭두각시라고 비난하는 것 아니겠습니까? 이렇게 말하는 나도 면목 없습니다.

김딴지 변호사　　그랬군요! 그러면 삼별초는 도대체 언제 몽골군과 싸우게 되는 겁니까? 아시는 대로 답변해 주시죠.

김방경　　내가 알기로는 몽골 제3차 침입 때부터 겨우 전쟁터에 나왔던 걸로 기억합니다. 그것도 매우 적은 수의 병력으로요.

김딴지 변호사　　조국이 몽골군의 말발굽 아래 짓밟히는데도 무신 집권자의 집을 지키느라 사태를 가만히 지켜만 보고 있었던 삼별초는 정상적인 군대는 아니었군요. 더구나 애국심도 없었네요.

　　이 말을 들은 김통정이 탁자를 쾅 하고 내려치면서 김딴지 변호사를 노려보았다. 이에 김딴지 변호사가 흠칫 놀라는 표정을 지었다.

김통정　　보다보다 더 이상 못 참겠소이다! 김딴지 변호사, 역사를 왜곡해도 이건 너무 심하지 않소?

판사　　피고! 제발 진정하세요. 이러시면 피고는 명예훼손죄에 협박죄까지 뒤집어쓰게 됩니다. 원활한 재판 진행을 위해 자제하시고, 나중에 피고에게도 충분한 변론의 시간을 드릴 테니 잠시 기다려 주세요. 그럼 김딴지 변호사는 계속 진행해 주세요.

김딴지 변호사　　감사합니다, 판사님. 그러면 원고! 만약 삼별초가 대몽 전쟁의 주역이 아니라면 몽골군과 주로 싸운 주체는 과연 누구였나요?

김방경   일반 백성들이죠. 그들이 목숨을 걸고 몽골군과 싸운 진정한 영웅입니다.

김딴지 변호사   의외군요. 군인도 아닌 일반 백성들이 어떻게 대몽전쟁의 주체가 되었나요?

김방경   ▶그건 무신 정권이 쓸 만한 군인들을 모조리 강화도에 묶어 두었기 때문입니다. 따라서 육지의 방어는 일반 백성들이 알아서 할 수밖에 없었습니다. 그들은 살기 위해서라도 죽어라 몽골군과 싸워야 했죠. 그리고 승리를 일궈 냈죠.

김딴지 변호사   원고의 진심 어린 답변에 감사합니다.

이번에는 피고 김통정 대신, 이대로 변호사가 더는 못 참겠다는 듯 자리에서 벌떡 일어났다.

이대로 변호사   이의 있습니다, 판사님! 그리고 방청객 여러분! 지금 원고 측 증언은 역사의 진실을 왜곡한 일방적 주장에 불과합니다. 저도 삼별초가 몽골 제1, 2차 침입 때 전선에 직접 투입되지 못했던 점은 인정하는 바입니다. 그러나 제3차 침입 이후부터는 혁혁한 전공을 많이 세웠다는 점을 분명히 밝힙니다!

자신의 변호인의 항변에 힘을 얻었는지, 한동안 잠자코 있던 피고 김통정이 손을 들고 발언을 요청했다. 판사는 피고의 발언을 허락했다.

교과서에는

▶ 고려가 몽골의 침입에 끈질기게 저항할 수 있었던 것은 일반 백성들이 용감하게 대항했기 때문입니다. 그중에서도 특히, 고려 사회의 하층민으로 취급 받던 노비와 향·소·부곡 지역의 주민들까지 몽골군에 맞서 싸웠답니다.

김통정   자꾸 원고 측에서는 삼별초의 활약을 깎아내리려고 하는데 사실은 그렇지 않습니다. 우리 삼별초가 소극적이고 비겁한 전술을 펼쳤다고요? 만일 우리가 육지를 누비고 다니던 몽골군 **선봉대**나 기병 부대를 기습하지 않았다면 그들이 고려에서 물러났겠습니까? 주로 산성의 수비를 담당하던 주현별초군이나 백성들이 성문을 열고 나와 몽골군과 전면전을 펼치기에는 한계가 있었고, 그렇게 할 수도 없었습니다. 몽골군을 물리치기 위해 머리를 써서 여러 작전을 짰던 것뿐입니다. 그러므로 삼별초의 공을 깎아내리는 건 말도 안 되는 억지 주장인 거죠!

이대로 변호사   현명하신 판사님, 그리고 방청객 여러분! 피고의 보충 설명을 잘 들으셨지요? 피고의 말이 백 번 옳습니다! 겉보기에는 일반 백성들이 몽골군을 물리친 주인공 같지만, 실제로는 삼별초가 몽골군을 물리친 주역이라고 생각되지 않습니까? 이상입니다.

판사   네, 양측의 입장을 잘 알았습니다. 오늘 재판에서 삼별초가 대충 어떤 성격의 부대인지 가닥을 잡으셨기를 기대합니다. 하지만 아직까지는 삼별초 부대의 역할에 관한 다양한 증언을 들으면 들을수록 삼별초가 관군 같기도 하고, 사병 같기도 해서 도무지 판단이 서지를 않습니다. 배심원 여러분은 다음 재판 때까지 곰곰이 판단해 보시기 바랍니다. 오늘 재판은 이것으로 마치겠습니다.

땅, 땅, 땅!

> **선봉대**
> 전쟁이 일어났을 때 앞부분에 배치되어 군대를 이끌던 부대 또는 사람을 말합니다.

다알지 기자

　　안녕하십니까? 시청자 여러분! 빛보다 빠른 뉴스, 역사공화국 법정 뉴스의 다알지 기자입니다. 저는 지금 역사공화국 한국사법정에 나와 있습니다. 오늘 드디어 모든 시민들이 기다리고 기다리던 고려 정부 측 김방경과 삼별초 측 김통정의 첫 번째 재판이 열렸습니다. 아무래도 첫날인 만큼 서로 치열한 탐색전과 신경전이 있었답니다. 삼별초가 과연 고려의 정식 군대였느냐, 최씨 무신 정권의 사병이었느냐를 두고 많은 말들이 오고갔습니다. 또한 삼별초가 어떤 활동을 벌였는지를 두고 치열한 공방이 펼쳐졌답니다. 그럼, 두 분 변호사를 모시고 잠시 오늘 재판 소감을 한번 들어 보도록 하겠습니다.

김딴지 변호사

  삼별초는 최씨 무신 정권의 사병이 맞습니다.
최씨 무신 정권을 위협했던 도둑이나 민란을 진압
하기 위해서 야별초가 창설된 것만 보아도 그것을 알 수
가 있다니까요. 야별초는 삼별초의 주축을 이루던 부대였으니까요. 그
들은 백성을 철저히 탄압했습니다. 삼별초는 주로 정치군인으로 활약
했는데, 무신 집권자의 개인적인 목적을 충족시켜 주고 그 대가로 자
신들의 계급을 높이고 재산을 늘려 갔지요. 그러므로 백성들의 안위와
는 무관한 행보를 보였던 삼별초는 그야말로 최고 권력자에게 빌붙었
던 반역 도당이었다고 말할 수 있습니다.

이대로 변호사

　　삼별초는 국가의 공식적인 국군, 즉 관군이 맞아요. 저도 최씨 무신 정권이 삼별초를 창설한 것은 인정합니다. 하지만 삼별초가 수행한 역할을 보면 경찰 임무, 국가 반역자 처벌, 대몽 전투, 국왕 호위, 수도 경비 등에 이르기까지 모두 다 공적인 임무였다니까요. 이러한 삼별초는 최씨 무신 정권이 붕괴된 이후에도 고려를 대표하여 최후로 남은 국군으로서 몽골 오랑캐와 전쟁을 계속하지 않습니까? 그러므로 삼별초를 무신 정권의 사병 내지 심복으로만 몰고 가는 것은 잘못된 시각입니다. 그들은 국군으로서 고려 국가를 수호한 용맹한 전사였던 것입니다.

삼별초가 사용한 유물은
무엇이 있을까요?

살 맞은 돌

삼별초는 강화도에서 다시 진도로 또 진도에서 다시 제주도로 옮겨 옵니다. 그리고 몽골의 군대에 맞서 싸웠지요. '살 맞은 돌'은 제주도에 있는 항몽 유적지인 항파두리의 극락봉 북쪽에 있는 돌입니다. 자연적으로 생긴 돌인데, 여기에 화살이 박혀 있어 '살 맞은 돌'이라고 하지요. 삼별초군이 이 돌을 향해 화살을 날려 활쏘기 연습을 하였다고 전해집니다. 극락봉에서 삼별초군이 궁술 연마시 표적으로 사용했던 대형 암석으로 40여 년 전까지도 이 돌에는 화살촉이 꽂혀 있었다고 전해지지요.

돌쩌귀

삼별초를 이끌던 김통정 장군은 몽골의 군대를 막기 위해 항파두성을 쌓았습니다. 그리고 동, 서, 남, 북의 4대문을 내었지요. 이때 사용한 돌쩌귀가 바로 사진 속의 유물입니다. 돌쩌귀는 원래 문짝을 문설주에 달아 여닫는 데 쓰는 두 개의 쇠붙이를 말하는데, 당시의 성문의 규모가 확실히 밝혀지지 않아 이 돌쩌귀가 그때 어떻게 사용되었는지는 분명치 않습니다. 하지만 항파두성 주변에 흩어져 있던 9개를 한 곳에 모아 전시해 두고 있어 당시 삼별초의 의미를 되새겨 볼 수 있지요.

구시물

사진 속에 보이는 곳은 삼별초가 사용한 것으로 알려진 '구시물'입니다. 성 밖 서민 및 병사들의 마시는 물로 사용했다고 전해지지요. 항파두리 에서는 군인을 비롯하여 많은 사람들이 생활해야만 했습니다. 때문에 물은 없어서는 안 되는 귀한 존재였습니다. 성을 축조할 때 방어도 중요 한 요소 중 하나지만 마실 물도 매우 중요한 요소였지요. 항파두리에서 마실 물은 성의 북서쪽 외곽에 발달된 구시물이었던 것입니다.

옹성물

옹성물은 삼별초가 항파두리에 있을 때 김통정 장군을 비롯한 귀족 계급들이 마시는 물로 사용했던 샘물이라고 알려져 있습니다. '옹성'이란 무너지지 않는 성이라는 뜻으로, 물이 솟아나는 곳이 성곽 옆이라서 붙여진 이름인 듯합니다. 땅에서 솟아나는 물을 '용천수'라고 하는데, 옹성물도 구시물과 함께 용천수이지요.

고누 놀이판

땅바닥이나 사방 30cm쯤 되는 널판에 여러 가지 모양의 판을 그리고 돌 등을 말로 해서 서로 많이 따먹거나 상대의 집을 차지하기를 겨루는 놀이를 '고누 놀이'라고 합니다. 여러 가지 형태가 있으며, 지방마다 명칭이나 놀이 방법이 조금씩 다릅니다. 2명이 모이면 할 수 있는 놀이로 널리 퍼져 있었지요. 항파두리에서 발견된 고누 놀이판은 당시에도 고누 놀이를 했음을 보여 줍니다.

삼별초는 어떻게 싸웠을까?

1. 왜 삼별초는 산성과 섬에 들어가 싸웠을까?
2. 육지의 백성을 지휘한 건 삼별초였을까?

1

왜 삼별초는 산성과 섬에 들어가 싸웠을까?

판사 두 번째 재판에서는 삼별초가 어떠한 전략과 전술로 몽골군과 싸웠는지 알아보겠습니다. 그래서 삼별초가 실질적으로 백성들을 지휘하며 대몽 항전에 큰 공을 세운 주인공이었는지를 판가름해 보도록 하겠습니다. 그러면 원고 측 변호사부터 심리를 진행하세요.

김딴지 변호사 정말 그토록 기다리고 기다리던 삼별초 심판의 순간이 오고야 말았습니다. 그럼 원고에게 핵심을 찌르는 질문 하나를 던지겠습니다. 용맹하다고 소문난 삼별초가 왜 비겁하게도 산성이나 섬으로 들어가 몽골군과 싸웠나요?

김방경 왜냐하면 삼별초는 몽골 주력 부대와 싸워 이길 자신이 없었기 때문입니다. 그러니 산성이나 섬에 들어가 시종일관 숨어 지냈던 거죠. 노골적으로 말하자면 그들은 몽골과 제대로 한번 싸우지도 못했어요.

김딴지 변호사　　　그렇습니까? 그렇다면 삼별초가 몽골군과 싸움을 회피했다는 말이 되는데요. 왜 그랬죠?

김방경　　　1231년 몽골 제1차 침입 때 최우의 부하였던 장군이 **안북부 성**에서 고려군을 성 밖으로 무리하게 출전시켜 몽골군에게 참패를 당하게 했죠. 이것을 역사에서는 안북부 패전이라 부릅니다. 안북부 패전 때문에 고려 군사들의 대부분이 전사했어요. 따라서 몽골군과 싸울 군사 수가 극히 부족해졌죠. 이로 인해 당시 무신 집권자였던 최우는 고민에 고민을 하다가 '산성입보책(山城入保策)'과 '해도입보책(海島入保策)'을 고안해 냈죠.

김딴지 변호사　　　아, 원고 잠깐만! 산성입보책과 해도입보책이라고 했나요? 그것이 무엇인지 분명하게 설명해 주시겠어요?

김방경　　　뭐, 간단합니다. 그렇게 어렵지 않아요. ▶산성입보책이란 국가에서 전략적 요충지로 파악되는 산성을 골라서 그곳으로 군사와 백성을 피란시켜 몽골군에 항전하는 것을 말합니다. 한편 해도입보책이란 국가가 전략적 가치가 큰 섬을 선정하여 그 섬으로 군사와 백성을 피란시켜 안전하게 하는 것을 가리키지요.

김딴지 변호사　　　무신 정권과 삼별초가 산성입보책과 해도입보책을 썼다는 거죠? 그런데 듣고 보니 그것도 나름대로 좋은 전략이었네요. 그렇지 않은가요?

김방경　　　좋은 전략이라니! 말도 안 돼요. 군사와 백성을 산성과 섬으로 빼돌린 것이 어떻게 좋은 전략이 된다는 말

안북부 성
평안북도 안주시에 있던 성입니다.

교과서에는

▶ 몽골군이 침입하자 최씨 무신 정권은 모든 주민이 섬이나 산성에 들어가서 몽골군에 항전하도록 하고, 수도를 개경에서 강화도로 옮겼습니다.

입니까? 육지 대부분이 텅 비게 되어 몽골군이 힘들이지 않고도 고려 땅을 차지하게 되었는데 말이에요.

김딴지 변호사 어라? 그런 결과가 생겼던 거군요? 원고의 설명을 들으니 제가 잘못 판단했다는 걸 알겠네요. 죄송합니다. 그렇다면 산성입보책과 해도입보책의 결정적 약점은 무엇인가요?

김방경 먼저 산성입보책의 경우 몽골의 대군이 특정한 산성 한곳에 집중해서 밀려온다면 막아 낼 방도가 없죠. 더욱이 농사철에 적군이 밀려오면 농작물을 수확하지 못하게 되어 굶어 죽을 지경에 이르

왜 삼별초는 최후까지 싸웠을까?

게 된답니다. 그래서 몽골군에 의해 무너진 산성이 의외로 많습니다. 산성 안에 숨어서 농성만 한다고 해결되는 문제가 아니라니까요!

다음으로 해도입보책의 경우 산성입보책보다는 좀 더 안전하기는 합니다. 드넓은 평지를 말을 타고 누비는 것에 익숙하던 몽골군이 위험천만한 바다를 건너 섬으로 공격해 올 가능성이 적었거든요. 그러나 그건 몽골과의 전쟁 초창기 때 상황이었고, 몽골 제5차 침입 이후부터는 몽골군이 본격적으로 섬까지도 공격합니다. 섬이라고 해서 더 이상 안전지대가 아니라는 뜻이죠. 실제로 몽골 수군(水軍)의 공격을 받아 섬이 함락된 경우도 몇몇 있었습니다. 더구나 국가에서 피난지인 입보처로 지정한 섬들에는 농경지와 우물, 샘물이 부족한 경우도 허다했죠. 따라서 몽골군과 제대로 싸워 보지도 못한 채 섬에 들어간 백성들이 다 굶어 죽을 판이었죠.

김딴지 변호사　　원고의 청산유수 같은 증언을 듣고 보니 산성입보책과 해도입보책이 안전한 계책이 아니었다는 점이 증명되었다고 봅니다. 존경하는 판사님, 그리고 방청객 여러분! 이 부분을 완벽하게 입증하기 위해서 증인으로 송길유를 신청하는 바입니다.

판사　　좋습니다. 증인은 앞으로 나와 주시죠.

판사의 말이 끝나니 장군 차림을 한 송길유가 재판정 안으로 뚜벅뚜벅 걸어 들어왔다.

송길유　　선서! 나는 야별초 대장군으로서 한 치의 거짓 없이 오직 진실만 말할 것을 맹세합니다.

김딴지 변호사　　『고려사』의 기록에 의하면 증인은 해도입보책에 의하여 섬으로 백성들을 옮겼다고 하는데, 주로 어느 지역의 백성들을 피란시켰고, 또 그 도중에 겪었던 어려운 점은 무엇이었는지 증언해 주십시오.

송길유　　나는 말씀드린 대로 본래 야별초 대장군입니다. 몽골군이 쳐들어오자 주로 경상도 백성들을 바다 섬으로 피난시키는 임무를 수행하였죠. 그런데 백성들은 섬에 들어가려고 하지 않았어요. 자기 집과 재산이 아까워서였겠죠. 더구나 섬에는 집도 없고 먹을거리도 없었으니까요. 그때 나는 노발대발 화를 내면서 섬으로 들어가라는 명령에 따르지 않는 자는 몽둥이로 때리거나 바닷물에 빠뜨려 물고문을 했어요. 그랬더니 사망자가 속출했습니다. 그 당시 나로서는 어쩔 수 없었습니다. 아무튼 이 모습에 경악한 백성들이 결국 내 명령에 서서히 따르더라고요. 나는 국가 명령에 충실했을 뿐 백성들을 괴롭힐 악의는 없었소이다.

"저 극악무도한 살인자를 추방하라!"

"옳소! 너무 잔인했어!"

법정 안이 일순간에 소란해졌다. 방청객들이 심하게 흥분한 듯했다. 그래도 증인 송길유는 눈썹 하나 까딱하지 않고 거드름을 피웠다. 김딴지 변호사가 질문을 이었다.

김딴지 변호사 그런데 무신 집권자였던 최우는 해도입보책을 왜 그렇게까지 무리하게 강행하려 했나요?

송길유 두 가지 측면에서 해석이 가능합니다. 하나는 백성들이 몽골군에게 항복하지 못하도록 섬에 묶어 두기 위해서죠. 육지에 그대로 내버려 두면 백성들이 쉽게 몽골군에 항복할 수 있거든요. 다른 하나는 섬에 백성들을 묶어 둠으로써 통제를 쉽게 하고, 세금을 편하게 거둬들일 수 있는 효과를 보려 했죠.

김딴지 변호사 아하! 그런 깊은 속뜻이 있었군요. 산성입보책도 그 시행 배경이 해도입보책과 비슷했겠지요?

송길유 그렇소이다. 무신 정권이 산성입보책을 고집한 것 역시 산성 안에 백성들을 집어넣어 그들이 몽골군에게 항복하지 못하도록 만들고, 각종 **요역**에 그들을 징발할 뿐 아니라 세금을 걷기 위해서였죠.

요역
강제 노동를 말합니다.

김딴지 변호사 증인 송길유의 성의 있는 증언에 감사드립니다. 존경하는 판사님, 그리고 현명하신 배심원 여러분! 야별초 대장군이었으면서도 이렇게 원고 측의 증인으로 나와 준 송길유의 진술한 증언을 듣고 어떤 판단이 드십니까? 최우가 생각해 낸 산성입보책과 해도입보책이 대책 없는 무책임한 전략이었다는 생각이 들지 않으십니까? 더구나 삼별초는 그러한 허술한 방책을 가지고 산성이나 섬에 들어가 몽골군을 회피했으니 대몽 항쟁의 영웅이라고는 절대 볼 수 없습니다. 이상입니다.

김딴지 변호사의 변론이 모두 끝나기를 기다렸다는 듯이 이대로 변호사가 자리에서 일어나 말했다.

이대로 변호사　　이의 있습니다, 판사님! 원고 측은 전쟁의 본질을 전혀 모른 채 엉뚱한 주장만 늘어놓고 있습니다. 또한 전략적으로 산성입보책과 해도입보책이 얼마나 중요했는지에 대한 기본 지식도 없으면서 함부로 자신의 논리를 정당화하고 있습니다. 이제는 말도 안 되는 원고 측 주장을 우리 피고의 증언을 통해 반박해야 한다고 봅니다.

판사　　좋습니다. 이번에는 피고 측의 발언을 들어 보겠습니다.

기회를 얻은 이대로 변호사가 피고 김통정에게 다가가 질문했다.

이대로 변호사　　피고는 삼별초를 지휘하면서 왜 산성이나 섬으로 들어가 몽골군과 싸웠나요? 피고가 직접 속 시원히 밝혀 주세요.

김통정　　그 이유는 몽골군의 자랑인 기병 부대의 빠른 속도와 파괴력을 쓸모없게 만들기 위해서였습니다. 사실 당시 우리 고려 측에도 기병 부대가 있었습니다만, 기동성과 이동 거리에서는 몽골군에 미치지 못했습니다. 아까 원고도 말했듯이 안북부 패전 이후 우리 고려군은 몽골군보다 군인 수가 적었어요.

따라서 적은 수의 병력으로 많은 수의 적군을 막아 내려면, 더욱이 말을 타고 싸우는 데는 천하무적이었던 몽골 기병대를 무찌르려면 당연히 산성이나 섬으로 들어갈 수밖에 없었죠. 몽골군은 드넓은 평지를 누비던 유목 민족이었기 때문에 산악전과 해전에 약했고, 산성과 섬을 두려워했습니다. 원천적으로 그들은 태어나서 죽을 때까지 말을 타고 생활하므로 기병 전투에는 매우 강합니다. 하지만 험준한 산에 올라 산성을 공격한다든지 배를 타고 거친 파도를 넘으며 섬을 공격하는 데에는 한계가 있었습니다. 우리 삼별초는 이러한 몽골군의 약점을 활용하여 산성과 섬에서 그곳에 들어간 백성들의 지원을 받아 가며 그들을 물리쳤던 것입니다.

이대로 변호사   듣고 보니 삼별초가 산성이나 섬으로 들어갈 만한 이유가 분명 있었네요. 그런데도 원고 측에서 산성입보책이나 해도입보책이 무책임한 계책이었다고 비난하고 있습니다. 이에 대해 피고는 어떻게 생각하는지요?

질문을 받은 피고 김통정은 힘든 표정을 지으며 가만히 눈을 감았다. 아마 산성과 섬에 들어가서 직접 고생했던 기억이 떠오르는 듯했다.

김통정   그것은, 음 …… 첫째, 왕족과 귀족들이 육지 백성들을 내팽개치고 강화도라는 큰 섬에 피란을 가서 태평하게 지내는 것처럼 오해받았기 때문이지요. 그러나 강화 **천도**는 당시 상황으로 보아서 어쩔 수 없는 전략적 선택이었다는 점을 강조하고 싶습니다.

그리고 둘째, 산성과 섬에 들어간 군사와 백성들에게 제때 식량과 식수를 공급하는 데 한계가 있었다는 점이 지적되곤 합니다. 이 문제도 짚고 넘어가야 할 게 있어요. 전시에 모든 산성과 섬에 식량과 식수를 공급하기란 사실상 쉬운 일이 아닙니다. 따라서 정부가 통제하기 힘든 산성과 섬에 들어간 경우에는 그곳의 지방관, 군사 지휘관들이 알아서 직접 식량과 식수를 마련해야 한다는 책임이 있었어요.

이대로 변호사　음, 그렇군요. 그러면 피고! 실제적으로 산성입보책과 해도입보책이 성공을 거두었다고 보나요?

김통정　절반의 성공은 거두었죠. 본격적으로 우리 삼별초의 항쟁이 있기 전인 몽골과의 전쟁 시기였던 1231년부터 1259년까지, 30여 곳이 넘는 산성 전투에서 고려가 몽골군에 승리를 거두었습니다. 그리고 10여 개의 섬에서 벌어진 바다 전투에서 우리 고려가 압승을 일궈 냈죠. 비록 산성이나 섬에 들어가 몽골군과 싸운다는 것이 어려운 전략이고, 소극적으로 싸울 수밖에 없다는 측면은 인정하더라도 분명한 것은 적의 약점을 이용해 영리한 전술을 펼쳤고, 또 몽골군을 매번 물리쳤다는 점입니다. 결코 허술한 전략과 전술이 아니었다고 생각합니다.

이대로 변호사　네, 잘 알았습니다. 피고는 잠시 앉아 주십시오. 존경하는 판사님, 방금 피고가 증언한 것처럼 산성입보책, 해도입보책은 원고 측 주장처럼 무책임하고 허술한 전략이 절대로 아니었습니다. 오히려 이러한 전략은 몽골 제국에 비해 국력과 군사력이 약한 고려에 도움이 되는 훌륭한 작전이었다고 판단됩니다. 이에 산성입보책과 해도입보책을 계획하였던 최우를 증인으로 채택해 삼별초를 왜 산성과 해도로 보내 몽골에 대항케 했는지 좀 더 생생한 증언을 듣고자 합니다.

판사 네, 피고 측 변호사의 증인 선정을 허가합니다. 그럼 증인 최우는 어서 앞으로 나와 선서를 해 주십시오.

이때 고려 시대의 푸른색 갑옷을 입고 기다란 칼을 찬 중년의 무사 한 명이 뚜벅뚜벅 걸어 들어왔다. 그는 야심만만한 표정을 지으면서 청중을 좌우로 훑어보았다.

최우 나는 고려의 영공이자 최씨 무신 정권의 제2대 집권자로서 명예와 자존심을 지키는 증언만 할 것을 맹세합니다.

이대로 변호사 증인은 한국사에서 강화 천도를 실행에 옮긴 인물로 유명한데요, 일단 왜 수도를 개경에서 강화도로 옮겼는지 쉽게 설명해 주시겠어요?

최우 세상은 나를 악인으로 낙인찍고 맹렬히 비판합니다. 하지만 알고 보면 나는 고려 왕조를 구한 영웅입니다. 안북부 패전 이후 고려는 위기에 직면해 있었습니다. 몽골군은 파죽지세로 내려오고 있었고, 고려는 어찌할 바를 몰랐지요. 이때 내가 현명한 계책을 냈어요. 우선 몽골군 대장 살리타와 거짓으로 화친하여 몽골군을 철수시킨 후, 비밀리에 강화도로 도읍을 옮겨 국가를 보전시켰답니다.

그때 야별초를 비롯한 병력과 국가의 중요한 문서 및 보물들을 고

안 되겠어.
몽골군이 거침없이
쳐들어오고 있으니 수도를
강화도로 옮겨야겠다!

스란히 강화도로 옮겨 놓았지요. 그 덕택에 나라가 평화로
워지고, 몽골 오랑캐가 쳐들어와도 29년간이나 거뜬히 버
틸 수 있었던 겁니다.

이대로 변호사　　증인 최우의 상세한 설명을 듣고 보니, 강화 천도는
비겁한 도망 행위라기보다는 국가를 보존하기 위한 **백년대계(百年**
大計)였군요. 그런데 왜 역사가들과 일반 백성들은 강화 천도를 부정
적으로만 바라보죠?

최우　　종전에 김통정이 말했듯이 대다수 백성들은 강화 천도가 지
배층만 살겠다는 불순한 의도가 있다는 식으로 오해했기 때문이죠.

백년대계
먼 앞날을 내다보고 세우는 원
대한 계획을 뜻합니다.

하지만 그러한 해석은 분명히 잘못되었소이다. 만일 개경에서 몽골군을 맞아 싸웠다면 며칠을 못 버티고 함락되었을 것이 분명하고, 내가 전사하거나 국왕이 몽골 제국으로 붙잡혀 가는 불행한 사태가 발생하였을 것입니다. 얼마나 애통하고 비참한 상황입니까? 나는 이러한 상황을 미리 막기 위해 강화 천도를 단행했던 겁니다. 모두들 잘 아시겠습니까?

"최 영공의 말씀이 옳고말고."
최우의 의기양양한 증언에 피고석 방청객들은 서로 마주 보며 속삭였다. 이 모습에 자신감을 얻은 듯 이대로 변호사가 질문을 이어 나갔다.

이대로 변호사　증인의 증언대로 강화도로 수도를 옮긴 것은 당시 그렇게 할 수밖에 없는 상황이 있었기 때문이었군요. 강화 천도는 어떤 전략적 효과가 있었나요?

최우　여러 가지 다양한 부수적 효과가 있죠. 첫째, 몽골 제국으로부터 국왕의 신변을 보호하여 고려 왕업(王業)을 보전할 수 있었죠. 둘째, 2군6위와 야별초 등 고려 정규군을 강화도 안에 배치시켜 강화도에 새로 세운 수도를 지키고, 그들로 하여금 몽골군 후방 지대를 기습하여 적군의 퇴로를 위협할 수 있었고요. 셋째, 강화도가 섬이다 보니 해상 교통이 발달해 있었는데, 편리한 해상 교통망을 이용하여 전국 각지에서 세금을 쉽게 걷을 수가 있었습니다. 넷째, 몽골군은 우리와 협상할 때 항상 최우선 순위로 '강화도에서 나와 개경으로 돌아올 것'을 제시했답니다. 이것을 바꿔 말하면, 몽골 제국이 강화 천도를 상당히 껄끄러워하고 있었다는 증거입니다. 자기들에게 불리했으니까요. 이상과 같은 전략적 효과를 가진 강화 천도야말로 고려를 살린 진정한 계책이자 해도입보책의 결정판이었습니다!

이대로 변호사　이제야 강화 천도를 둘러싼 의문점이 완전히 풀리는군요. 다음으로 제가 증인에게 질문할 것은 왜 야별초를 몽골군과 정면 대결을 시키지 않고 산성과 섬으로 내보냈느냐 하는 점입니다. 이에 대해 성의껏 답변해 주시겠어요?

최우　나는 야별초 병력을 몽골군 주력 부대와 정면 대결 시킬 의도가 애초부터 없었습니다. 그 대신 몽골군의 주변 상황을 살피거나 산성과 섬으로 보내 그곳에서 농성하고 있는 백성들을 보호하려고 했습니다. 야별초 병사들은 산성과 섬을 지켰고요.

이대로 변호사　그렇군요. 야별초가 비겁해서 산성과 섬으로 숨어 들어간 것이 아니라 백성들을 구하고자 스스로 산성과 섬에 들어가 몽골군에 항전했던 것이로군요. 이 점을 역사가들과 항파두성 마을 주민들이 이제는 알아주었으면 좋겠습니다. 이상입니다.

판사　지금까지 원고와 피고 측 증언을 모두 들어 보았습니다. 원고 측은 삼별초가 산성과 섬으로 들어간 것 자체가 비겁한 도피 행위이며 산성입보책, 해도입보책 모두가 백성들에게 강압적으로 이뤄진 폭압적인 졸책이었다고 주장했습니다.

　반면 피고 측은 강화 천도야말로 해도입보책의 연장선 상에서 실행된 나라를 구하기 위한 결단이었으며, 산성입보책과 더불어 몽골 군을 물리친 가장 효과적인 계획이었음을 강조했습니다. 저로서는 선뜻 어느 쪽이 옳다고 판정하기 힘들군요. 그럼 다음 안건으로 빨리 넘어가도록 하겠습니다.

왜 삼별초는 최후까지 싸웠을까?

한국은 어떻게
코리아(Korea)가 되었을까?

외국에서는 우리나라를 어떻게 부를까요? 일단 가장 대표적으로 불리는 '코리아(Korea)'는 영어권 국가에서 부르는 이름입니다. 프랑스어권에서는 '꼬레(Corée)', 러시아에서는 '까레야(Корея)'라고 부른답니다. 이는 고려 시대에 '고려(高麗)'라는 나라 이름이 서양에 전해지며 각국의 언어에 따라 다양한 발음으로 변화했기 때문입니다.

당시 고려는 송나라를 비롯해 요나라, 금나라, 일본 등과 활발한 무역 활동을 펼치고 있었습니다. 주로 이용되던 항구는 현재 북한 개성 근처의 예성강 하구에 위치한 '벽란도'라는 곳이었지요. 고려는 일찍부터 이곳을 통해 중국과 교역을 했습니다. 그리고 '대식국(大食國)'이라 불리던 아라비아 상인들도 벽란도까지 들어와 고려와 무역을 했지요. 벽란도는 고려 시대의 명실상부한 국제 무역항이었던 셈입니다.

그때 이곳을 드나들던 아라비아, 페르시아 상인들은 중국도, 일본도 아닌 단일 문화권의 고려라는 나라가 있음을 알게 되었고, 고려의 발음을 따서 '코리아'라는 이름으로 우리나라를 전 세계에 알리기 시작했습니다. 이후 한반도에 조선 왕조가 들어선 뒤에도 우리나라는 여전히 '코리아'로 불렸답니다.

육지의 백성을 지휘한 건
삼별초였을까?

판사 이제 바야흐로 오늘 재판의 말미를 향해 나아가고 있습니다. 오늘의 두 번째 안건은 전체 재판 가운데서도 가장 중요한 사안이라 여겨지는 만큼, 원고와 피고 측이 열띤 법정 공방을 벌이리라 예상됩니다. 그럼 원고 측 변호사부터 심리를 시작하세요.

김딴지 변호사 네. 삼별초가 육지의 백성을 지휘했나요? 원고는 보고 들은 대로 성의껏 답변해 주시기 바랍니다.

김방경 내가 아는 한 육지의 백성을 지휘하여 몽골군을 물리친 이들은 삼별초가 아닌 방호별감(防護別監)과 고을 수령, 즉 원님들이었소. 대다수의 산성 전투에서 방호별감 혹은 고을 수령이 백성들을 흐트러짐 없이 질서 있게 통제하였죠. 육지의 백성들은 삼별초를 매우 싫어했기 때문에 삼별초의 통제를 받는 것을 원하지 않았습니다.

육지의 백성을 지휘하여 몽골군을 물리친 이들은 고을 수령과 방호별감이었어요! 삼별초의 활약은 거의 없었지요.

김딴지 변호사 당연히 그렇겠군요. 그런데 조금 낯선 용어가 나오네요? 방호별감이 무엇인지 명쾌하게 설명해 주시겠어요?

김방경 방호별감이란 왜적이나 몽골군 등 외적의 침입을 막기 위해 산성이나 섬, 하천에 파견되었던 군사 지휘관을 말합니다. 대개의 경우 방호별감은 주로 산성에 파견되었죠. 그래서 '산성별감' 또는 '산성방호별감'으로도 불렸답니다.

김딴지 변호사 네, 잘 알겠습니다. 그러한 방호별감은 전국 각지에 골고루 보내졌나요?

김방경　아닙니다. 대략 많아 봐야 37명 정도가 가장 중요한 산성에 파견되었죠. 방호별감이 모든 산성에 보내졌다면 아마 그 수가 수백 명에 이르렀을 겁니다. 강화도에 들어가 홀로 호위호식하며 민생을 돌보지 않던 최우가 수백 명의 군사 지휘관을 육지로 내보냈을 리가 없죠. 그렇지 않나요?

김딴지 변호사　원고 증언을 듣고 보니 그렇네요. 그러면 방호별감은 몽골군을 효과적으로 잘 막았나요?

김방경　몽골 제5차 침입 때까지는 그럭저럭 잘 버텨 냈죠. 하지만 제6차 침입 때는 방호별감들도 몽골군 앞에서 무너지고 말았어요. 많은 방호별감들이 몽골군에게 항복하거나 끝까지 싸우다가 전사했답니다.

김딴지 변호사　다른 질문 하나 하겠습니다. 방호별감이 파견되지 않은 산성은 누가 몽골군을 막았습니까? 구체적으로 답변해 주시겠어요?

김방경　고을 수령과 백성들이 힘을 합쳐 몽골군을 물리쳤지요. 고을에 수령이 파견되지 않은 곳은 백성들이 스스로 일치단결하여 몽골 침략자들을 물리쳤습니다. 고려 시대는 조선 시대와 달라서 고을에 수령이 파견되지 않은 곳이 많이 있었어요.

김딴지 변호사　아, 그래요? 그렇다면 수령이 파견되지 않았던 지역은 어디인가요?

김방경　▶향·소·부곡(鄕·所·部曲)과 같은 천민 집단거주지였습니다. 그곳에는 지방관이 파견되지 않았죠. 다만 향·소·부곡에는 관리들이 있어 그들이 향·소·부곡민을 이끌어 몽골군에 항전했습니다. 어쩌면 일반 백성들과 향·소·부곡민의 위대한 투쟁이 몽골군을 물리쳤는지도 모르겠습니다.

김딴지 변호사　　증언 감사합니다. 방청객 여러분, 방금 원고의 증언을 들으셨습니까? 삼별초는 육지의 백성을 지휘하기는커녕 그들로부터 배척 받았습니다. 그 대신에 방호별감이나 고을 수령이 백성들을 잘 지휘하여 몽골군을 격퇴시켰던 것입니다. 지방관이 파견되지 않은 향·소·부곡의 경우 사회 하층민이던 천민들이 정부의 도움 없이 스스로 몽골군을 무찔렀던 것이 밝혀졌습니다. 이상입니다.

판사　　음, 삼별초가 백성을 지휘하지 못했다는 원고 측 주장을 잘 들었습니다. 피고 측 변호사는 이에 대한 반론이 있나요?

재판관의 말이 끝나기 무섭게 이대로 변호사가 반박하기 위해 준비해 놓은 증거 서류를 뒤적이며 말문을 열었다.

이대로 변호사　　저도 원고 측의 주장에 일부분 인정은 합니다. 하지만 오로지 방호별감과 고을 수령만 백성을 지휘했다고 하는 주장에는 동의할 수 없습니다. 저는 삼별초 장교가 백성들을 지휘했다는 명백한 자료들을 가지고 있으며, 이미 증인까지 신청해 놓은 상태입니다. 이러한 점들을 뚜렷하게 해명해 줄 수 있는 증인으로 안홍민을 채택

하는 바입니다.

판사　제가 보기에는 원고 측 주장에 어느 정도 일리가 있어 보이는데, 피고 측에서 반박할 자료와 증인까지 채택했다고 하니, 어서 증인을 모셔 보도록 하지요. 증인 안홍민은 앞으로 나와 증인 선서를 해 주십시오.

이때 번뜩이는 투구와 갑옷을 입은 멋진 장교 한 명이 씩씩하게 등장했다. 방청객들은 그가 누구인지 몰라서 가만히 쳐다만 보았다.

안홍민　　　나 안홍민은 용감무쌍한 삼별초 장교로서 한 치의 거짓 없이 오직 사실만을 언급할 것을 맹세합니다!

이대로 변호사　　　증인의 간단한 소개를 부탁드립니다.

안홍민　　　나는 늠름한 야별초 장교입니다. 몽골 제6차 침입 때 한계성(寒溪城) 방호별감으로 파견되어 야별초군을 이끌고 한계성 입보민을 지휘하여 몽골군을 크게 무찔렀습니다.

이대로 변호사　　　야별초 장교이면서 동시에 방호별감으로 파견되었다고요? 증인의 소개만 들어도 종전에 말했던 원고 측 주장이 새빨간 거짓말이라는 것이 탄로가 나는군요. 그럼 증인은 야별초 장교로서 방호별감을 겸직한 것인가요?

안홍민　　　네, 맞습니다. 나는 방호별감으로 한계성에 파견되었지만, 본래 야별초 지휘관이었습니다. 야별초 2백 명 정도의 병력을 이끌고 한계성으로 파견되어 방호별감의 임무를 수행했지요.

이대로 변호사　　　그런데도 왜 원고 측은 삼별초 장교가 산성에 들어가 있는 백성들을 지휘하지 않았다고 우기는 것일까요?

안홍민　　　그것은 아마 역사책에서 나와 같은 사례를 기록해 놓지 않았기 때문이겠죠. 하지만 방호별감이 곧 삼별초 장교인 경우도 적지 않았습니다. 설령 방호별감이 삼별초 장교가 아닌 경우라고 해도 방호별감들은 흔히 삼별초 병사들을 이끌고 산성으로 파견되기도 했습니다. 원고 측은 삼별초의 역할을 지나치게 과소평가하고 있는 것이지요.

이대로 변호사　　　그러면 증인의 말을 한번 정리해 보겠습니다. 즉,

삼별초 장교는 방호별감을 동시에 맡으며, 백성들을 지휘한 사실이 분명히 있습니다. 그리고 그것뿐만이 아니라 삼별초 군인들이 문신 출신의 방호별감을 보좌하며, 산성에 들어간 백성들을 지휘하여 함께 몽골에 맞서 싸우기도 했고요.

안홍민 그렇습니다. 우리 삼별초 장교와 병사들은 중요한 산성으로 파견되었고, 그곳에 있는 백성들을 질서 있게 지휘했어요.

이대로 변호사 그러한 현상이 나타난 것이 언제부터지요?

안홍민 몽골 제2차 침입까지는 삼별초가 육지 산성으로 파견되지 못했다는 것은 지난 재판에서 밝혀진 것 같고요, 우리 삼별초가 산성으로 파견되기 시작한 것은 몽골 제3차 침입 때부터였죠. 몽골 제3, 4차 전쟁 때는 산성에 파견된 횟수나 병력이 매우 적었습니다. 그것은 몽골 침입군의 규모가 작았기 때문이죠.

하지만 몽골 제5, 6차 침입은 상황이 크게 달랐어요. 몽골 제5차 침공부터는 몽골이 고려를 아예 멸망시키겠다고 작정하고 나선 전쟁이었거든요. 당연히 몽골군도 최소 2만 명이 넘는 대군이 투입되었죠. 이에 대응하기 위해서 최우의 아들이자 무신 정권기의 집권자 가운데 하나인 최항이 우리 삼별초를 중요한 산성에 파견하였습니다. 그러므로 대몽 전쟁 후반부에 이르러서는 본격적으로 우리 삼별초가 산성에 파견되었고, 백성들을 지휘했다고 보면 됩니다.

이대로 변호사 증인의 투철한 사명감이 느껴지는 증언이로군요. 저도 증인의 말에 동의합니다. 그런데 삼별초의 지휘를 육지 백성들이 순순히 받아들였는지요?

안홍민 　대몽 전쟁 초기에는 육지 백성들이 우리를 좋아하지 않았던 것이 사실이에요. 솔직히 말해서 삼별초는 이전에 민란도 진압했으니까요. 하지만 몽골 제5, 6차 침공 때 육지의 수많은 성들이 적군에게 함락되고 많은 백성들이 죽거나 포로가 되자, 백성들은 우리 삼별초에 의지하게 되었고, 자연 삼별초의 지휘에 따랐습니다.

이대로 변호사 　참으로 중요한 점을 증언해 주셨습니다. 그러니까 쉽게 말해서, 초창기에는 삼별초를 싫어했지만 대몽 전쟁 끄트머리에 가서는 삼별초를 인정하고 응원해 주었다, 이 말씀이죠?

안홍민 그렇습니다. 몽골 제6차 침입 때 우리 삼별초가 지나가는 길마다 백성들이 박수를 치며 어서 오라고 격려해 주었으니까요.

이대로 변호사 지금까지 증언해 주셔서 감사합니다. 존경하는 판사님, 그리고 배심원 여러분! 삼별초가 육지의 모든 산성에 파견된 것은 아니었지만 적어도 파견된 산성에서만큼은 육지 백성들의 호응을 받았으며, 그들을 직접 지휘하여 함께 몽골군을 물리쳤습니다. 대몽 전쟁 후반부로 갈수록 삼별초의 군사력이 절실하게 필요했던 겁니다. 이상입니다.

판사 보는 시각과 입장에 따라 삼별초는 육지의 백성을 지휘했을 수도 있고, 그렇지 못했을 수도 있겠습니다. 논쟁의 핵심이었던 삼별초가 대다수 백성들의 지지를 받으면서 지휘했느냐, 아니면 극히 일부 백성만을 지휘했느냐 하는 문제는 다음 주 재판 때까지 각자 곰곰이 판단해 보시기 바랍니다. 그럼 이상으로 두 번째 재판을 모두 마치겠습니다.

땅, 땅, 땅!

왜 삼별초는 최후까지 싸웠을까?

다알지 기자

안녕하십니까? 시청자 여러분! 빛보다 빠른 뉴스, 역사공화국 법정 뉴스의 다알지 기자입니다. 오늘도 김방경 대 김통정의 재판이 열린 한국사법정은 매우 뜨거운 공방전을 치렀습니다. 오늘 두 번째 재판에서는 삼별초가 왜 산성이나 섬에 들어가 싸웠는지, 그리고 또 육지의 백성을 지휘한 주역이 과연 삼별초였는지에 대해 원고와 피고 측의 치열한 설전이 있었습니다. 자, 이제 두 분 변호사가 나오고 계신데요, 오늘 재판을 마친 소감이 어떤지 한번 들어 볼까요? 아직 재판에서 못다 한 이야기가 있을 것 같습니다!

김딴지 변호사

삼별초가 몽골군과 싸운 방식은 극히 소극적이면서도 무책임한 것이었어요. 그들이 사용한 산성입보책, 해도입보책은 몽골군과의 전투를 회피하고 목숨을 부지하기 위한 방책이었을 뿐이고, 실제로는 육지에 있는 백성들이 대몽 항전의 진정한 주체였지요. 이것은 뒤바뀌지 않을 명백한 진리입니다. 그러므로 비겁하게 유격전이나 했던 삼별초는 몽골군과 정면으로 정규전을 치를 엄두도 내지 못했습니다. 뿐만 아니라 그들은 육지 백성들을 지휘하기는커녕 오히려 백성들로부터 도움을 받아서야 간신히 몽골군을 물리칠 수 있었습니다. 그야말로 백성들을 수탈하여 심한 원성을 듣고도 뚜렷한 작전과 계획이 전혀 없는 한심한 부대가 바로 삼별초였던 것입니다.

왜 삼별초는 최후까지 싸웠을까?

이대로 변호사

삼별초가 사용한 산성입보책과 해도입보책
은 최선의 대몽 전략이었습니다. 몽골군이 가장
두려워했던 산성과 섬에서 싸워야만 대몽 전쟁을 장
기전으로 이끌 수 있고, 몽골군의 자랑인 기병 부대와 포병 부대의 위
력을 감소시킬 수 있었던 겁니다. 몽골군이 산성과 섬을 공격하느라
지쳤을 때 삼별초는 유격전으로 몽골군을 번번이 격퇴시켰습니다. 또
한 방호별감과 더불어 주요 산성에 파견된 삼별초는 백성들을 지휘했
을 뿐만 아니라 그들을 보호해 주었습니다. 이러한 삼별초의 대몽 항
전 방식은 얼마나 영리하고 지혜로운 것입니까? 이 점은 몽골 제국 황
제도 인정하는 바였습니다. 에헴!

삼별초는 왜 몽골군과 최후까지 싸웠을까?

1. 삼별초는 왜 진도로 옮겨 갔을까?
2. 삼별초가 몽골군에 항전한 원동력은 무엇일까?
3. 삼별초가 제주도에서 패망한 이유는 무엇일까?

1

삼별초는
왜 진도로 옮겨 갔을까?

판사　오늘의 재판은 세 차례에 걸친 삼별초에 관한 법정 공방의 핵심이 될 것으로 생각되며, 1270년 이후 벌어진 삼별초 항쟁의 본질을 파악하는 데 초점이 맞춰질 것으로 기대됩니다. 그럼 오늘 재판의 첫 번째 안건인 삼별초가 진도로 옮겨 간 이유에 대해서 원고 측부터 심리를 시작하세요.

김딴지 변호사　네, 존경하는 판사님. 역사에서 흔히 '삼별초 항쟁' 이라고 하면 1270년부터 1273년까지 삼별초가 진도, 제주도에서 몽골 제국에 항전한 사건을 말합니다. 그 이전까지는 야별초와 신의군이 따로 행동했으며, 일사불란한 움직임이 별로 없었죠. 원고는 삼별초가 왜 1270년에 항쟁을 시작한 것인지 자초지종을 쉽게 말씀해 주기 바랍니다.

김방경　김딴지 변호사님이 지금 삼별초 '항쟁'이라고 하셨는데요. 솔직히 말도 안 됩니다. 어째서 그게 항쟁입니까? 삼별초 '반란'이지. 앞으로는 삼별초 반란이라고 말해 주세요!

김딴지 변호사　반란이라고요? 더 흥미가 생기는데요. 그렇다면 우리 원고의 제안에 따라 삼별초 반란이라고 정정하죠. 그 반란의 내막부터 소개해 주십시오.

김방경　네, 길고 지루했던 30년 대몽 전쟁은 1259년에 드디어 끝이 나게 됩니다. 그때 고려 태자 왕전이 몽골 제국에 **입조**(入朝)하여 정식으로 항복하게 되었습니다. 따라서 고려는 몽골 제국과 더 이상 전쟁을 하지 않아도 되었지요. 이때 태자 왕전은 몽골 황제로부터 고려 국왕으로 인정받게 되는데, 그분이 바로 원종입니다.

그런데 당시 고려의 무신 집권자였던 김준과 임연은 "**출륙환도**(出陸還都)하라"는 몽골 황제의 명령을 따르겠다고 약속해 놓고서는 번번이 계속 미루고만 있었죠. 그러고는 몽골 황제의 총애를 받던 원종을 자기들 마음대로 폐위시키고 안경공 왕창을 새로운 국왕으로 세우려 했어요. 또한 백성들을 가혹하게 수탈하여 자신들의 재산을 늘리는 데 혈안이 되어 있었답니다.

이에 답답함을 참지 못하고 분노한 국왕 원종이 나와 함께 몽골 제국의 요청에 따라 다시 몽골에 입조하게 되었죠. 다시 없는 좋은 기회를 얻은 원종은 몽골 황제와 협상을 해, 무신 정권을 **응징**하기로 결정했답니다. 이후 원종은 몽골군과 함께 개경으로 내려와서 강

화도에서 버티고 있는 삼별초를 비롯한 몇몇 신하들에게 옛 수도 개
경으로 돌아오라고 명령하였죠. 그리하여 ▶강화도의 신하들이 최후
의 무신 집권자였던 임유무를 죽이고 대부분 개경으로 돌아왔지요.
그런데 유독 삼별초만 강화도에 남아 국왕의 명을 따르지 않았던 것
입니다. 반란을 일으킨 주동자는 다 알다시피 배중손이었고요.

김딴지 변호사 원고의 설명으로 대강의 배경은 이해할 수 있었습
니다. 삼별초가 그렇게 강화도에 남게 되었다는 거군요. 그런데 그
들이 왜 그렇게 강화도에서 버티고 움직이지 않았는지, 좀 더 구체
적인 이유를 설명해 주시겠어요?

김방경 쉽게 말해 삼별초는 강화도에 남아 무신 정권을 계속 유
지하고 싶어 했기 때문에 반란을 일으킨 겁니다. 과거 무신 정권의
부귀와 영화를 강화도에서 그대로 누리고 싶어 했던 거죠. 개경에는
그들이 설 자리가 없었거든요.

갑자기 꾹 참고 있었던 김통정이 자리에서 벌떡 일어나며 김방경
을 거칠게 쏘아붙인다.

김통정 뭐라고? 우리 삼별초가 반란을 일으켰다고? 듣
자듣자 하니, 도저히 참을 수가 없구먼! 감히 우리 삼별초
의 항쟁을 반란이라고 하다니! 우리는 어리석고 못된 국왕
원종이 데려온 몽골군을 물리치기 위해 들고일어났을 뿐
이오. 그리고 우리는 과거의 김준, 임연 등 무신 정권과도

알력

원래는 수레바퀴가 삐걱거린다는 뜻입니다. 서로 의견이 맞지 않아 갈등과 충돌이 일어나 사이가 좋지 않게 됨을 의미하지요.

관계가 없소! 삼별초가 만들어지던 초반에 일부 무신 정권에 결탁한 세력이 있었다고 해서 끝까지 우리 삼별초를 그렇게 깎아내리다니, 다들 너무합니다.

김통정의 절절한 항변에 피고 측 방청객들이 김통정을 지지하며 한 마디씩 외쳤다.

"김방경은 역사를 왜곡하지 마시오!"

"몽골군의 앞잡이 김방경은 반성하라!"

이내 법정은 아우성이 되었다. 법정 경위가 그들을 진정시키느라고 진땀을 뺐다.

판사   피고, 분통한 마음은 이해하지만 갑자기 원고 심리에 끼어들면 곤란합니다. 나중에 발언 기회를 드릴 테니 앉아 주세요. 그럼 원고 측 변호사는 계속 변론을 진행하십시오.

김딴지 변호사   네, 알겠습니다. 그러면 반란을 일으킨 배중손과 그 일당은 도대체 어떤 성격을 지닌 사람들이었지요?

김방경   그자들은 모두 다 임연과 그의 아들 임유무를 따르는 측근 세력이었습니다. 천하에 몹쓸 놈들이었죠. 무신 집권자의 심복으로서 온갖 악행을 일삼던 역적이었다, 이 말씀입니다.

김딴지 변호사   그런데 어쩌다가 그렇게도 기세등등했던 무신 정권이 무너졌는지요?

김방경   무신 정권 내부의 **알력** 다툼과 몽골 황제 쿠빌라이의 출

류환도 지시 때문이었죠. ▶최씨 무신 정권의 마지막 집권
자 최의는 정치를 잘 못해 어이없게도 자신의 심복이었던
김준에게 죽음을 당했어요. 최의를 죽인 김준도 믿었던 심
복 임연에게 제거되었고요. 임연은 한때 원종을 폐위시키
기도 했는데 몽골 황제 쿠빌라이로부터 압력을 받아 원종
을 다시 복위시키고 끝없이 괴로워하다가 등창이 터져 죽어 버렸지
요. 그의 아들 임유무는 나이가 어리고 정치를 할 만한 인물이 못 되
었어요. 그래서 원종은 강화도에 있는 송송례를 시켜 임유무를 죽이
고 무신 정권을 무너뜨린 것이에요.

무신 정권은 몽골 황제의 엄명과 원종의 계책이 어우러져 무너진
것이죠. ▶▶무신 정권이 몰락함으로써 마침내 왕권이 회복되었죠.

김딴지 변호사　　네, 잘 알았습니다. 이제부터는 오늘의 첫
번째 안건을 짚어 보도록 하죠. 원고는 왜 삼별초가 진도
로 내려갔다고 생각하십니까?

질문을 받은 김방경은 화가 난 표정으로 피고 측을 보며
말했다.

김방경　　반역을 저질렀기 때문에 고려 정부군의 **토벌**을
피해서 남쪽으로 내려갈 수밖에 없었겠죠. 국왕 원종은 옛
수도인 개경에 있으면서 그곳을 다시 새로운 수도로 발표
했을 뿐만 아니라, 육지의 모든 군사, 백성들이 개경 정부를

등창
등뼈에 생기는 종양입니다.

토벌
군사적인 힘을 이용해 상대편을
쳐서 없앤다는 뜻입니다.

교과서에는

▶ 무신 정권의 최고 권력자
이자 몽골 항전을 주도해 온
최의가 피살되면서 최씨 정
권은 무너졌습니다. 하지만
이때까지만 해도 여전히 무
신들이 정치권력을 장악하
고 있었지요.

▶▶ 무신들은 몽골과의 강
화 조건이었던 개경으로 환
도하는 일을 거부했지만,
무신 정권의 마지막 집권자
였던 임유무가 피살되자 고
려 정부는 개경으로 환도하
였습니다.

응원하는 마당에 삼별초 역적들이 설 자리가 없어졌던 것이니까요.

김딴지 변호사 그렇군요. 삼별초는 반역을 저지르고 그 책임을 회피하기 위해서, 혹은 자신의 목숨을 간신히 이어 나가기 위해서 남쪽의 진도로 무책임하게 내려갔던 것이로군요.

김방경 바로 그렇소이다.

김딴지 변호사 원고는 잠시 앉아 주시고요. 방금 원고가 말한 내용을 보충하면서 삼별초 반란의 진실을 확실히 증언해 줄 증인으로서 당시 고려의 국왕 원종을 모셨으면 합니다! 원종의 증언으로 지금까지 논의된 이야기가 확실히 정리될 것으로 생각합니다.

판사 원종은 앞으로 나와 엄숙히 증인 선서를 해 주십시오.

이때 금색 곤룡포를 입은 원종이 가느다랗게 찢어진 눈을 좌우로 흘기며 위풍당당하게 걸어 들어왔다.

원종 나는 고려의 제24대 국왕으로서 온 천하의 어버이답게 진실한 증언만 할 것을 선서합니다.

김딴지 변호사 증인은 1259년 고려 태자의 자격으로 몽골 황제를 만나 평화 협상을 성공시켰습니다. 이것은 어떠한 역사적 의미를 갖고 있나요?

원종 내가 몽골에 가서 몽골 황제와 평화 협상을 하여 대몽 전쟁을 종식시킨 것을 가지고 말들이 많습니다. ▶몽골에 비겁하게 항복했다느니, 혹은 몽골의 노예로 전락했다느니, 국가의 자존심을 팔고 저 자신만 살길을 찾았다느니 하는 등 갖은 비판과 욕설을 들었습니다. 그러나 그런 평가는 부당합니다. 나는 국가를 살리기 위해서 만 리 길을 마다하지 않고 적국에 직접 찾아가 몽골과 평화 협상을 추진했던 겁니다. 구국의 결단이었다고나 할까요.

김딴지 변호사   충분한 답변입니다. 이제, 보다 직접적인 질문을 하겠습니다. 증인은 강화도에 남아 있던 신하들과 삼별초에게 개경으로 돌아오라고 말했는데, 왜 삼별초는 강화도에서 돌아오지 않았나요?

원종   ▶삼별초도 꽤 많은 수가 개경으로 돌아와 나에게 무릎을 꿇고 충성을 맹세했습니다. 일부 삼별초만 강화도에 남아서 반역을 꾀했지요.

김딴지 변호사   그래요? 우리가 아는 상식과는 많이 다르군요. 그럼 삼별초 가운데 누가 강화도에서 개경으로 돌아왔나요? 그리고 그들은 진심으로 증인에게 충성했나요?

원종   바로 그것이 핵심적인 질문이지. 음, 우선 첫 번째 질문에 답하리다. 내 명령을 받들어 임유무를 제거한 신의군 장군 송분이 기쁘게도 개경으로 돌아왔다오. 송분은 나의 총애하는 신하, 송송례의 친아들이지. 그리고 야별초 장군 고여림과 김문비 등도 개경으로 돌아와 나를 흡족하게 했지. 많은 신의군, 야별초 장교들이 강화도를 빠져나와 개경으로 왔소.

　이제 두 번째 질문에 답할 때가 된 것 같은데, 개경으로 돌아온 삼별초 장교들은 충성심을 보이기 위해 강화도에

교과서에는

▶ 고려 정부가 개경으로 환도하자 대몽 항쟁에 앞장섰던 삼별초는 배중손의 지휘 아래 반기를 들었습니다.

있는 삼별초를 공격하겠다고 자원하고 나섰소이다.

김딴지 변호사　아하! 증인의 증언을 듣다 보니까 삼별초는 애초부터 내부 분열이 있었던 것처럼 보이는데요. 어떤가요?

원종　맞소. 삼별초는 우왕좌왕하며 처음부터 내분에 시달렸소. 저희들끼리 일치단결도 제대로 못했으면서 무슨 항쟁을 한다고? 삼별초 내에서는 국왕인 나의 명령에 따르려는 자와 거부하려는 자 사이에서 유혈 사태가 발생하기까지 했소. 그러므로 삼별초 반란은 단합된 형태가 아니라 분열과 갈등의 형태로 시작된 것이지.

김딴지 변호사　명쾌한 지적에 감사드립니다. 그런데 증인이 보시기엔 삼별초 반란을 일으킨 우두머리 배중손은 부하들을 거느리고 왜 남쪽 진도로 내려갔습니까?

원종　왕권을 회복하고 몽골군을 등에 업고 있는 나에게 대항하기에는 배중손 휘하 삼별초의 실력이 부족했기 때문이죠.

김딴지 변호사　삼별초의 실력이 부족했다고요? 어떤 측면에서인지 설명해 주시겠어요?

원종　방금 전 말했듯이 삼별초는 크나큰 분열을 겪었소. 일부는 내 명령에 복종해 강화도를 탈출해 개경으로 돌아왔지. 따라서 육지의 고려군과 몽골군에 맞서 싸울 수 있는 병력이 얼마 되지 않았다오. 더구나 그들은 그동안 구심점이었던 무신 집권자를 잃은 상태였죠. 더 중요한 문제는 육지의 백성들이 그들을 도와주지 않았다는 점이오. 이것은 결정적인 약점이라 할 수 있죠.

김딴지 변호사　삼별초는 반란을 일으키고도 여러 가지 문제를 겪

고 있었군요. 그러면 배중손이 거느린 얼마 안 되는 삼별초는 진도로 신속히 내려갔나요?

원종 쯧쯧. 신속히 내려가기는……. 무려 70일 넘게 갈팡질팡 서해 바다에 떠 있었습니다. 결코 빠르게 진도로 내려가지 못했죠.

김딴지 변호사 왜 그렇게 시간을 끌었죠? 어떤 이유가 있습니까?

추대

윗사람으로 떠받든다는 의미입
니다.

원종　　그것은 육지에 상륙하여 여러 방법으로 백성들을 설득하여 진도로 함께 가자고 꼬드기는 데 긴 시간을 낭비했기 때문이라고 생각됩니다.

김딴지 변호사　　백성들 반응은 어땠나요?

원종　　당연히 시큰둥했죠. 누가 삼별초가 좋아서 진도까지 내려가길 원했겠습니까. 아무도 호응하지 않았죠.

김딴지 변호사　　백성들을 설득하려 했지만 그들이 호응해 주지 않으니까 무려 70여 일 넘게 바다에서 표류했던 거군요. 그럼에도 불구하고 배중손 일당은 나름대로 통치 체제를 정비했을 것 같은데, 어떤가요?

원종　　삼별초 반란을 일으킨 배중손은 역적입니다. 그자가 내 동생 왕온을 볼모로 잡고 가짜 국왕으로 추대했어요. 또한 강화도에 남아 있던 고위 관리들과 부인들을 포로로 붙잡아 강제로 진도에 끌고 갔지요. 그러고는 선량한 백성들을 홀려서 "개경의 고려 왕조는 곧 망하고 새로운 수도 진도가 흥하게 된다"라고 헛소문을 퍼뜨렸습니다. 생각할수록 너무 화가 납니다.

김딴지 변호사　　그러면 진도는 새로운 수도로 적합했는지, 그리고 수도 구실을 제대로 했는지 알려 주시죠.

원종　　반역 집단이 정한 진도라는 섬이 수도로서 적합했겠습니까? 당시 진도에는 궁궐이나 관아가 없었고, 방어 시설도 미미했습니다.

김딴지 변호사　　증인의 생생한 증언을 들으니 삼별초 반란은 아무런 명분이 없는 반역 행위였음을 더욱 분명히 알 수 있었습니다. 또한 진도로 내려가기까지는 우여곡절을 겪어 오랜 시일을 소모했고, 진도는 수도로서 적합하지 않았음도 밝혀졌습니다. 삼별초는 정말 허술하기 짝이 없었군요! 이상입니다!

김딴지 변호사가 의기양양한 표정으로 피고 측을 한 번 힐끗 보면서 자리에 앉았다. 이대로 변호사도 이에 질세라 준비한 서류를 들추며 반론 준비를 시작했다.

판사 원고 측 증언 잘 들었습니다. 피고 측 변호사! 반론의 여지가 있다면 이제 변론을 시작하시죠.

이대로 변호사 물론 있습니다. 지금까지 증언한 원고 측 주장은 왜곡되어 부풀려진 것이거나 확인되지 않은 추측에 불과합니다. 이런 부분을 우리 피고가 분명하게 밝혀 낼 것입니다. 피고, 우선 '삼별초 반란'이라는 용어가 적합한가요?

김통정 결코 적합하지 않죠. '반란'이 아니라 '항쟁' 혹은 '항전'이라 불러야 옳습니다. 오늘날 지상 세계의 역사 교과서에서는 모두 '삼별초 항쟁' 아니면 '삼별초의 대몽 항전'이라고 서술하고 있습니다. 우리 늠름한 삼별초 장병들의 독립 투쟁을 인정해 주는 셈이죠. 따라서 삼별초 반란은 적절치 않아요. 당연히 '삼별초 항쟁'이라고 해야죠.

이대로 변호사 맞습니다. 제가 당연한 것을 질문했군요. 그럼 이번

정당방위
부당한 침해나 방해를 받게 되었을 때, 이를 막기 위해 가해자에게 어쩔 수 없이 행하는 방어 행동을 뜻합니다.

에는 핵심적인 질문을 하겠습니다. 조금 전에 원고 측에서 삼별초 안에 분열과 내분이 있었다고 하는데, 사실입니까?

김통정　　사실입니다. 일부 마음이 변한 장교들이 우리 삼별초 대열에서 이탈했습니다. 신의군 장군 송분이 대표적이죠. 국왕 원종과 김방경의 달콤한 꼬임에 빠져 강화도를 벗어나 개경으로 도망쳐 버렸죠. 그런 배신자들은 삼별초 명단에서 아예 삭제해야 합니다. 하지만 그런 자들은 그렇게 많지 않았어요. 일반 삼별초 군사들은 대부분 강화도에 남았죠. 도망친 자들은 주로 자기 지위를 유지하는 데 전전긍긍하던 장교들이었어요. 이 점을 분명히 지적해 두고 싶네요.

이대로 변호사　　대단히 중요한 점을 밝혀 주셔서 감사합니다. 결국 강화도에서 탈출하여 개경으로 돌아온 자들은 몽골군의 앞잡이가 되기 위해서 조국을 배반한 자들이군요. 그들은 몇 명의 장교들이 대부분이었고요. 그렇다면 도대체 삼별초는 왜 개경으로 돌아가지 않고 강화도 안에서 항쟁을 선포한 겁니까?

김통정　　국사 교과서에는 자세히 나와 있지 않지만, 『고려사』 등에는 "몽골이 삼별초의 명단이 적혀 있는 명부를 가져가고자 하여 생명에 위협을 느낀 삼별초가 들고일어났다"라고 나와 있죠. 몽골 제국에 항복한 못난 국왕 원종이 몽골군의 앞잡이가 되어 우리 삼별초 명단을 적국인 몽골에 갖다 바치고 삼별초 부대를 해산시키는 것도 모자라, 우리 전체를 죽이려고 했습니다. 때문에 우리는 정당방위로, 더 나아가 조국을 지키기 위해서 일어섰던 겁니다.

이대로 변호사　　들고 보니 삼별초 항쟁은 다 그럴 만한 정당한 이유가 있었네요. 원고 측 주장은 새빨간 거짓이었군요. 피고의 증언 감사합니다. 존경하는 판사님! 피고의 증언을 덧붙여 설명하고, 삼별초가 진도로 내려간 진짜 이유에 대해서 확실한 증거를 가지고 있는 주인공 배중손을 증인으로 채택하는 바입니다!

판사　알겠습니다. 그러면 배중손은 증인석으로 나와 주십시오.

　　　　　이때 허리에는 큰 칼을 차고 긴 활을 등에 멘 덩치 좋은 장군 한 명이 걸어 들어왔다.

배중손　선서! 나는 삼별초 항쟁을 이끈 영웅으로서 신성한 한국 사법정 앞에서 오로지 진실만을 언급할 것을 맹세합니다!

이대로 변호사　배중손은 아마 한국인이라면 모르는 분이 없을 것입니다. 다들 증인을 대몽 항쟁의 영웅으로 알고 있으니까요. 증인이 삼별초 항쟁을 주도했을 때 강화도 안의 삼별초 병사들이 어떤 태도를 보였나요?

배중손　삼별초 장병들은 부몽배(附蒙輩)였던 국왕 원종으로부터 무장 해제 명령을 받았고, 삼별초 명단이 몽골 황제에게 그대로 보고되어 처벌을 받을지도 모른다는 소문을 듣고서 분개했어요. 그래서 나는 "몽골군을 고려 땅에서 몰아내 나라를 지키고 백성들을 편안하게 하자"고 감동적인 연설을 했지요. 그랬더니 숨어 있던 수많은 삼별초 장교와 병사들이 거리로 뛰쳐나와 내 주장에 호응해 주었습니다. 순식간에 우리 삼별초는 대병력으로 결집되었고, 드디어 몽골 제국과 개경의 배신자들에게 선전포고를 했지요.

이대로 변호사　증인은 수도 강화도를 왜 포기했나요? 진도로 내려간 배경이 궁금하군요.

배중손　오랑캐 몽골군과 원종의 그럴듯한 유혹에 넘어 간 육지의 고려 군사가 곧바로 쳐들어온다는 소문 때문에 강화도를 포기했소이다. 삼별초 병사들 중 두려움에 떨며 탈주하는 자들도 발생하고 해서…….

이대로 변호사　그렇다고 해도 강화도를 지켰어야 하는 것 아닌가 요? 30년 동안 수도였고, 철옹성이었는데. 더욱이 마땅한 수도가 없 는 상황에서는 더더욱 그렇지 않나요?

배중손　물론 그렇소만……. 하지만 상황이 여의치 못했소. 육지를 원종과 몽골군이 장악한 상태에서 강화도 하나에 의지하기에는 너 무 위험 부담이 컸소. 특히 육지 고려군과 몽골군이 강화도 남쪽의 섬들과 해상 교통로를 차지해 버린다면 강화도 안의 삼별초는 모두 죽게 되고 말지요.

이대로 변호사　아하, 그런 취약점이 있었군요. 결국 강화도를 포기 할 수밖에 없었군요. 여기서 질문 한 가지! 그러면 임시 수도로서 진 도를 정해 놓고 내려간 것입니까, 아니면 무작정 내려간 것입니까?

배중손　▶임시 수도로 진도를 낙점해 놓고 내려갔소. 진 도는 김준과 임연이 정권을 잡았을 때부터 차기 수도로 주 목되던 곳이었죠. 우리 삼별초는 유사시 언제든지 진도로 내려갈 수 있도록 만반의 준비 태세를 갖추고 있었어요. 무려 1천 척이 넘는 대규모 선단에 약 2만 명을 태우고 당 당히 서해 바다를 건너 진도로 내려갔습니다. 그땐 너무 감격에 겨워 뜨거운 눈물을 흘렸답니다.

선전포고
전쟁이 시작됨을 공식적으로 알 리는 일입니다.

교과서에는

▶ 삼별초는 개경 환도에 반 대하며 강화도에서 멀리 떨 어진 진도로 내려갔습니다. 이들은 장기 항전을 계획하 고 용장성을 쌓아 저항하였 지만 여·몽 연합군에 의해 패하고 말았지요.

배중손의 증언에 피고 측 방청객들은 힘들었던 시절을 상기하면서 흐느껴 울었다.

이대로 변호사　　무려 2만 명이나 진도로 데려갔다고요? 그게 다 삼별초 병사는 아니겠죠?

배중손　　물론이죠. 삼별초 병력은 많아야 3~4천 명 정도였어요. 나머지 1만 6천 명은 강화도에서 살던 왕족, 귀족 그리고 관료였어요. 매우 고귀한 신분의 사람들이었죠. 나는 그들을 보호하면서 몽골 오랑캐 놈들과 죽을 때까지 싸우자고 설득, 또 설득했죠.

이대로 변호사　　그런데 궁금한 게 있어요. 종전에 원고 측에서도 지적한 문제인데요, 왜 곧바로 진도로 내려가지 못하고 무려 70일 넘게 표류했던 겁니까? 어떤 이유가 있었나요?

배중손　　그것은 좀 민감한 문제예요. 우리 삼별초는 강화도 남쪽의 중요한 섬들을 하나하나씩 장악하면서 내려가야만 했습니다. 게다가 무신이던 임유무가 정권을 차지했을 당시여서 해안가로 파견된 삼별초 장병을 설득해야 했어요. 그들을 우리 편으로 만들어야 했죠. 또한 육지 백성들에게 우리 삼별초 항쟁의 대의명분도 알려야 했고요. 이런 일들을 처리하다 보니 많은 시일이 걸렸던 겁니다.

이대로 변호사　　아, 그렇군요. 그런 내막이 있었군요. 그러면 어떤 이유에서 진도를 수도로 선택했는지 설명해 주시겠어요?

배중손　　진도는 우리 삼별초의 수도로서 최적의 조건을 갖춘 곳입니다. 첫째, 진도는 큰 섬이라서 강화도에서 데려온 2만 명을 충분히

수용할 수 있었소. 둘째, 진도는 섬 전체가 최씨 무신 정권의 농장이라서 쌀을 수확하여 식량을 확보하기에 적합했소. 셋째, 진도는 육지와 가까워 남부 지방을 공략하기 쉽고, 울돌목의 물길이 무척이나 험해서 방어하기에 용이했죠. 울돌목 하면 임진왜란 때 이순신 장군께서 12척의 배

울돌목
전라남도 해남에 있는 명량해협을 가리킵니다. 임진왜란 때 이순신 장군이 왜적을 크게 쳐부순 곳으로, 해협 위로는 해남과 진도를 연결하는 진도대교가 세워져 있습니다.

로 133척의 왜적을 통쾌하게 무찌른 '명량 해전'이 떠오를
것입니다. 넷째, 진도는 서해안과 남해안의 접점에 위치해
있으므로 해상 교통로, 특히 조운로(漕運路)를 차지하기가
쉬웠죠. 다섯째, 우리는 진도를 거점으로 남해안의 중요한
섬들을 모두 장악해야겠다는 계산을 했습니다. 그리고 결
국 우리의 진도 입성은 개경의 고려군과 몽골군을 어찌할
바 모르고 당황하게 했습니다.

배중손의 시원시원한 설명에 청중들은 입을 다물지 못하면서 탄
성을 내질렀다.

이대로 변호사　　진도야말로 공격과 방어에 있어서 최상의 조건을
갖춘 섬이었군요. 그럼 증인은 진도를 어떻게 수도처럼 꾸몄나요?
배중손　　우선 진도에 용장산성(龍藏山城)을 쌓아 몽골군의 침입에
대비하였습니다. 그런 다음, 용장사(龍藏寺) 건물을 임시 궁궐로 활
용하면서 궁궐과 관부를 만들고 관리를 임명하였죠. 이때 왕족이던
승화후 왕온을 삼별초 정부의 황제로 모셨고, 진도를 황제의 도읍인
황도(皇都)라고 불렀답니다. 이렇게 우리 삼별초 정부가 탄생한 셈
이죠.
이대로 변호사　　야! 정말 멋진 삼별초 정부가 역사에 등장하는 순
간이었겠군요. 지금까지 증인의 진솔한 증언에 감사드립니다. 존경
하는 판사님! 그리고 배심원 방청객 여러분! 배중손이 지휘하는 삼

별초는 미리 진도를 낙점해 놓고 육지 백성과 군인을 설득하면서 내려갔으며, 진도는 삼별초가 몽골군에게 항전할 수 있는 천혜의 요새이자 정상적인 수도였습니다. 이상입니다.

판사　　삼별초가 진도로 옮겨 간 이유는 해석하기에 따라 다양하군요. 저로서도 선뜻 결론을 내기가 어렵군요. 그럼 시간이 많이 지났으니 다음 안건으로 신속히 넘어가도록 하겠습니다.

2

삼별초가 몽골군에 항전한 원동력은 무엇일까?

판사 이제부터는 삼별초가 장기간 몽골군에 항전할 수 있었던 원동력이 무엇이었는지에 대해 살펴보겠습니다. 원고 측 변호사부터 심리를 진행해 주시지요.

김딴지 변호사 네, 알겠습니다. 원고에게 묻겠습니다. 1270년부터 1273년까지 3년에 걸친 삼별초 반란에서 가장 중요한 전투는 어떤 전투였나요?

김방경 그건 물으나마나 당연히 1271년의 진도 전투였지요. 진도 전투에서 나는 몽골군의 도움으로 삼별초를 무찔렀습니다. 이때 삼별초의 역적 두목 배중손이 전사했지요. 그것으로 사실상 삼별초 반란이 좌절되었다고 볼 수 있어요. 단 1년 만에 그들의 반란은 실패했다고 할 수 있습니다.

김딴지 변호사   그렇더라도 삼별초는 멸망하지 않고 2년 정도 제주도에서 끈질기게 싸우지 않았나요? 국사 교과서에도 그렇게 되어 있고요. 이 점을 어떻게 보십니까?

김방경   물론 삼별초 잔당이 제주도로 도망쳐 2년 정도 역적 노릇을 더 했죠. 하지만 그때의 삼별초는 그야말로 보잘것없는 패잔병에 지나지 않았답니다. 그들은 진도 전투에서 대장이 죽고, 절반이 넘는 병력을 상실한 상태에서 허겁지겁 제주도로 도망친 것이죠.

김딴지 변호사　원고의 증언대로라면, 기존 역사 교과서의 내용이 틀렸네요. 삼별초 반란은 진도 전투로 사실상 끝났다고 바꿔 기술되어야 하겠군요.

김방경　너무도 당연합니다. 저는 몽골군과 더불어 진도의 삼별초군을 물리침으로써 고려의 백성들이 그들로부터 더 이상의 괴로움과 수탈을 당하지 않도록 한 영웅이자 충신이었다는 점을 다시 한번 강조합니다!

김딴지 변호사　네, 증언에 감사합니다. 이제 앉아 주십시오. 존경하는 판사님! 지금 원고의 증언을 확실하게 증명해 줄 새로운 증인으로서 몽골군 사령관 아해를 채택하는 바입니다.

판사　네, 좋습니다. 증인 아해는 앞으로 나와 간단히 선서해 주십시오.

　판사의 말이 끝나자, 몽골식 털옷과 모자를 쓴 한 사내가 당당한 표정으로 걸어 나왔다.

아해　나는 제1차 삼별초 토벌군 사령관으로서 한 치의 거짓 없이 항상 진실만 말할 것을 엄숙히 선서합니다!

김딴지 변호사　증인은 진도에서 1년간 삼별초가 힘겹게 버틸 수 있었던 원동력이 무엇이라고 생각하십니까?

아해　솔직히 저는 진도에 있는 삼별초군을 완전히 물리치는 데는 실패했습니다. 이 점을 조금 부끄럽게 생각하고 있어요. 내 후임으로 온 제2차 삼별초 토벌군 사령관인 흔도 장군이 진도를 공격해 삼별초를 무찔렀지요. 내가 생각하기에 그나마 삼별초가 진도에서 1년간이나 버틸 수 있었던 것은 그들이 고려 정부와 몽골, 즉 우리 여·몽 연합군의 약점을 잘 활용했기 때문입니다.

김딴지 변호사   약점을 이용하다니요? 어떤 측면에서의 약점인지 구체적으로 설명해 주시겠어요?

아해   우선 삼별초는 우리 몽골군이 해전에 약하다는 점을 이용해 남해안 섬들을 모조리 장악해 버렸죠. 나는 배를 타고 진도를 포함한 여러 섬에서 삼별초 수군과 싸워 보았지만 번번이 패배했소. 다음으로 삼별초 놈들이 고려 조정의 조운선을 약탈해 가는 바람에 골치가 아팠죠. 조운선은 정부의 조세, 즉 세금을 나르는 배인데, 삼별초가 이를 모두 빼앗아 그들의 식량과 경비를 충당하였소. 섬에 숨어 있다가 치고 빠지는 식으로 조운선을 공격해 대니 좀처럼 그들을 소탕하기가 쉽지 않았소. 또한 연해안의 남녀를 납치해 가서 부려 먹기도 했다오.

김딴지 변호사   그렇군요. 삼별초가 진도에서 겨우 1년 정도 버틸 수 있었던 것은 다른 게 아니라 순전히 몽골군의 약점을 잘 활용했기 때문이었네요. 운이 좋았던 거죠. 그러면 삼별초가 실제로 가졌던 군사적 실력은 어땠나요?

아해   진도에 있던 삼별초의 군사적 실력은 사실 별로 보잘것없었소. 군사 수도 1만 명은커녕 5천 명도 되지 않았으니까……. 또한 그들의 무기 수준 역시 형편없었지. 우리는 뛰어난 기병 부대뿐만 아니라 대포와 화약 무기를 갖고 있었는데, 삼별초에게는 그런 중요한 무기가 전혀 없었단 말이야. 칼과 창, 그리고 활을 들고 싸우는 건 어디까지나 한계가 있지. 그렇지만 그들이 여러 섬 안에 숨어 있는 데다가 워낙 해상전을 잘해서 우리가 여간 애를 먹은 게 아니었소.

김딴지 변호사　　특별히 증인이 삼별초를 진압하는 데 실패한 이유라도 있나요?

아해　　나는 육지에서 말을 타고 화살을 쏘며 정정당당히 싸우는 것이 좋지, 바다에서 배를 타고 싸우는 해상전은 질색이오. 그래서 진도의 삼별초를 진압하는 데 실패했소이다. 하지만 결코 삼별초가 우리 여·몽 연합군을 압도했던 것은 아니었소. 그들은 숨어서 비겁하게 공격하고 도망치는 전술을 썼단 말이오. 그래 봤자 그들은 겨우 1년 버텼소이다. 그러니까 삼별초는 우리 몽골군에 오래 항전했다고는 절대로 볼 수 없소.

김딴지 변호사　　증인, 증언하느라 수고하셨습니다. 지금까지 증인의 주장을 요약해 보면, 삼별초가 남해안 섬들을 장악하고 해상전을 펼쳤으며, 조운선을 약탈했기 때문에 진도에서 고작 1년간 버틸 수 있었다는 것인데요. 삼별초 반란의 한계를 뚜렷하게 지적한 것이라고 여겨집니다. 이상입니다.

판사　　원고 측은 삼별초 반란이라는 용어를 고집하면서 주로 진도 전투의 결과만을 강조했는데, 이에 대한 피고 측의 반론은 어떠한지 들어 볼까요? 이대로 변호사는 준비되었다면 심리를 시작하세요.

판사의 말이 끝나자 피고 측의 이대로 변호사가 흥분한 표정을 애써 감추며 자리에서 일어났다.

이대로 변호사   흠. 원고 측이 삼별초 항쟁을 삼별초 반란으로 깎아내리면서 삼별초가 항쟁했던 기간마저 고작 1년 정도로 왜곡하고 있는 것에 참을 수 없는 분노를 느낍니다. 피고에게 묻겠습니다. 삼별초 항쟁 기간은 어떻게 되나요?

김통정   비록 우리 삼별초가 1년간 진도에서 항전하던 중 어이없게도 여·몽 연합군에게 패배하고 배중손 장군이 전사하긴 했어도 전멸당한 것은 아니었습니다. 그리고 ▶진도 이외의 많은 섬들은 건재하였고, 그곳의 삼별초군은 전열을 가다듬어 제주도로 내려가 2년 이상 몽골 제국에 항전했습니다. 그러므로 가장 중요했던 진도 전투에서 패배한 것을 크게 강조하여 삼별초 항쟁 기간을 1년으로 보는 것은 잘못된 것입니다.

이대로 변호사   피고의 말이 맞습니다. 국사 교과서에서도 삼별초 항쟁 기간은 분명 3년으로 나와 있지요. 그러므로 원고 측의 주장은 딴죽 걸기에 불과합니다. 피고는 삼별초가 몽골군에 오랫동안 맞선 원동력이 과연 무엇이라고 생각하나요?

김통정   애초에 우리가 부르짖었던 '몽골군을 몰아내 국가를 구하고 백성들의 삶을 편안하게 하자'는 구호가 육지 백성들에게 큰 호응을 얻었기 때문이죠.

이대로 변호사   당시 육지 백성들은 몽골군의 앞잡이 원종을 지원하고 있지 않았나요?

김통정   전혀 그렇지 않소. 백성들은 국왕 원종을 매우 싫어했소. 몽골 제국이 원종을 시켜 삼별초를 진압한 다음에 일본 정벌을 계획하고 있었기 때문이었죠. 백성들은 큰 배를 1천 척 이상 만드는 데 강제 노동에 징발을 당했고, 흉년에도 온갖 식량을 다 수탈 당했소. 더구나 어린애나 노인까지도 병졸로 징집되어 싸움터로 끌려갈 판이었죠. 몽골 제국의 일본 정벌 야욕에 고려가 놀아난 꼴이었습니다. 이런 상황 속에서 몽골 사람들에게 붙은 원종을 좋아할 리가 있었겠소?

이대로 변호사   듣고 보니 당시의 민심은 국왕 원종 편에 있었던 것이 아니라 삼별초 편에 기운 것이 확실하군요!

김통정   두말하면 잔소리죠. 당연하다니까요. 백성들은 우리 삼별초가 진도에서 육지로 상륙하여 몽골군을 물리쳐 고려 땅을 전부 회복해 주기를 갈망하고 있었소이다. 다 아시잖아요?

김딴지 변호사   존경하는 판사님! 지금 피고 측은 뚜렷한 증거 없이 추론에 의하여 자신의 주장을 합리화하고 있습니다. 주의를 주시기 바랍니다.

판사   원고 측 변호사의 제의를 받아들입니다. 피고 측은 백성들이 삼별초 편에 서 있었다는 구체적이고 실제적인 증거를 제시해 주기 바랍니다.

이대로 변호사는 회심의 미소를 지으며 관련 문서를 손에 들고 일

관노
관청의 노예를 말합니다.

이대로 변호사　그러한 증거를 피고의 증언을 통해 확인시켜 드리겠습니다. 피고, 육지의 백성들이 몽골군의 폭정과 만행에 반항하여 삼별초에 합세하기 위해서 들고일어난 실제 사례들이 있지요?

김통정　네, 여러 건 있습니다. 첫째, 전라도 안찰사와 백성들이 몽골의 폭정에 신음하다가 집단적으로 우리 삼별초에게 의지하려고 한 적이 있었어요. 비록 원고 김방경의 방해 때문에 실패로 돌아갔지만요. 항상 김방경은 우리 계획을 방해했죠. 둘째, 경상도 밀양 사람 방보가 몽골군의 지시를 따랐던 고을 관리들을 다 죽인 다음 백성들을 거느리고 진도의 삼별초에 협조하려고 했던 사건이 있었죠. 그 사건은 사전에 발각되어 안타깝게도 실패했소이다. 셋째, 대부도라는 섬에 사는 주민들이 약탈을 일삼던 몽골군 여러 명을 죽인 다음 진도로 넘어오려 했던 사건도 있었고요. 넷째, 개경의 **관노**들이 주인들을 모두 죽이고 진도의 삼별초 정부에 항복하려고 계획했던 일도 있었죠. 이런 사례들은 역사책에 기록된 대표적인 것들에 지나지 않아요. 사소한 것들은 아마 훨씬 많았을 겁니다.

이대로 변호사　▶바로 그러한 육지 백성들의 전폭적이고 열정적인 후원 덕분에 진도의 삼별초, 더 나아가서는 제주도의 삼별초가 오래 버틸 수 있었다는 의미이지요?

교과서에는

▶ 삼별초의 장기적인 항쟁이 가능하였던 것은 몽골군이 접근하기 어려운 지리적 이점을 이용하고, 몽골에 굴복하는 것에 반발했던 일반 백성들의 적극적인 지원과 희생이 있었기 때문입니다.

김통정　　맞습니다. 만일 백성들이 우리 삼별초를 그렇게 지원해 주지 않았다면 우리는 단 하루도 버틸 수 없었을 것입니다. 병력 수나, 무기 수준이나, 생활 여건 면에서 도무지 여·몽 연합군에게 상대가 되지 않았으니까요.

이대로 변호사　　피고의 진술한 증언에 감사합니다. 이제는 전략적 측면에서 삼별초군이 오랫동안 항전할 수 있었던 이유를 밝힐 차례가 되었습니다. 이 문제에 대한 적임자로 평가되는 유존혁 대장군을 증인으로 채택하는 바입니다.

판사　　방금 소개를 받은 증인은 나와 간단히 선서해 주십시오.

새로운 증인의 등장으로 재판정은 술렁였다. 모두들 이번 사건이 어떻게 결론이 날지를 흥미롭게 지켜보는 눈치였다.

유존혁　　나는 삼별초의 부사령관으로서 위증을 거부하고 오직 진실만을 언급할 것을 신성한 법정에서 맹세합니다!

이대로 변호사　　증인은 세상 사람들이 잘 모를 거라 생각이 드네요. 자기소개를 간단히 해 주시죠.

유존혁　　흠, 그럴 수도 있겠네요. 그런데 삼별초 항쟁을 주도했던 배중손 장군보다 더 계급이 높았던 사람이 바로 나요. 국사 교과서에 내가 등장하지는 않지만 나는 매우 중요한 인물이올시다. 배중손이 진도를 책임지고 삼별초의 총사령관이었던 반면, 나는 경상남도의 남해도라는 섬을 장악하면서 부사령관으로서 일부 삼별초를 데리고 그곳을 사수했소이다.

이대로 변호사　　아, 그렇군요. 역사상에서 자세히 드러나지 않은 중요한 인물이 바로 유존혁 대장군이시군요.

유존혁　　그렇소.

이대로 변호사　　삼별초는 어떤 전략과 전술을 이용하였기에 오랫동안 몽골군에 맞서 항전할 수 있었나요?

유존혁　　우리는 필요에 따라 심리전을 펼치기도 하고, 해상전과 기습 상륙전을 통해서 3년 동안 몽골군에 항전할 수 있었소.

이대로 변호사　　백성들이 전폭적으로 삼별초를 응원했다는 것은 조금 전에 피고가 증언한 바 있고, 해상전과 기습 상륙전의 의미도 알겠습니다만, 심리전은 어떤 측면을 말하나요?

유존혁　　우리 삼별초가 강화도에서 진도로 내려올 때 무려 70여 일간 아무 일도 하지 않은 게 아닙니다. 우리는 그때 모든 것을 걸었습니다. 강화도 남쪽에 위치한 주요한 섬들에 있는 삼별초군을 설득하여 우리 편으로 만들었죠. 또한 육지 해안가를 방어하고 있던 주현별초군에게 여·몽 연합군을 돕지 말거나 피신해 있으라고 말했소이다. 그랬기에 여·몽 연합군은 우리 삼별초를 토벌하는 데 애를 먹을 수밖에 없었지.

이대로 변호사　　그랬었군요. 그러면 다시 본론으로 돌아와서, 여·몽 연합군에 맞선 삼별초군의 전략과 전술은 어떤 것이 있었는지요?

유존혁　　우리의 작전은 남해안의 큰 섬들을 모두 차지한 다음에 방어 구역을 3등분하여 여·몽 연합군의 침공을 막는 것이었소. 진도는 배중손, 김통정 장군이 맡고, 남해도는 내가 맡았으며, 제주도는 이문경이 담당했지. 진도, 남해도, 제주도를 모두 차지하고 있음으로 해서 해상에 대한 지배력을 완전히 장악해 버렸다오. 진도는 전라도로, 남해도는 경상도로 올라갈 수 있는 중요한 거점이었소. 나는 남해도에 주둔하고 있으면서 경상도 민심을 우리 편으로 휘어잡았지.

이대로 변호사 . 진도의 배중손은 여·몽 연합군의 공격을 받아 전사했다지만 증인은 남해도에서 그냥 남아 여·몽 연합군에 대항했을 수도 있었을 텐데, 왜 제주도로 내려갔나요?

유존혁 여·몽 연합군은 남해도를 공격하지 않았어요. 하지만 내가 지휘하는 삼별초는 작은 전선 80척에 탈 수 있는 적은 병력밖에 안 됩니다. 따라서 안전한 제주도로 작전상 후퇴를 한 셈이죠. 진도가 무너진 마당에 남해도에 남아 있으면 고립되고 맙니다. 따라서 제주도로 전략적 후퇴는 반드시 필요한 것이었죠.

이대로 변호사 그러면 제주도에서는 어떠한 전략과 전술을 들고 나왔나요?

유존혁 진도의 삼별초 정부가 무너진 다음에 제주도의 삼별초군은 무척이나 위축되었소. 항파두성을 쌓고 방어에만 급급했다고나 할까? 제주도가 육지와 멀리 떨어진 섬이다 보니까 진도와 남해도에 있었던 시절보다 군사 행동을 적극적으로 할 수 없다는 약점이 있었소. 하지만 제주도 백성들의 후원이 큰 도움이 되었죠. 제주도 백성 전체가 저희 삼별초를 적극적으로 돕고 자발적으로 성을 쌓았지요.

이대로 변호사 증인의 증언을 듣다 보니 삼별초라는 부대가 진정 위대해 보입니다. 싸워서 이긴다는 보장이 전혀 없는데 진도, 남해도에서 제주도로 진지를 옮겨 최후까지 맨 주먹으로라도 몽골군에 항전하겠다는 절박하고도 비장한 마음이 절절이 전해져 오네요. 삼별초군의 제주도 입성은 그야말로 최후의 선택이었군요. 또한 삼별초가 장기간 항전했던 근거지였다는 점에서 긍정적 의미를 가집니다. 이상입니다.

판사 원고나 피고나 삼별초가 남해안 섬들을 장악했다고 주장하는 점은 서로 같지만, 제가 보기에 원고는 삼별초의 전술을 깎아내리고 있고, 피고는 그러한 전술을 현명한 전략이었다고 주장하고 있는 것으로 여겨집니다. 어느덧 세 번째 재판에서 다룰 안건도 다 마쳐 갑니다. 이제 마지막 안건을 다뤄 보도록 합시다.

삼별초가 제주도에서 패망한 이유는 무엇일까?

3

판사 한국사법정에 모인 배심원, 그리고 방청객 여러분! 세 차례에 걸친 삼별초 법정 공방의 마지막 순간에 이르렀습니다. 끝날 때까지 유종의 미를 거둘 수 있도록 관심을 가지고 경청해 주시기 바랍니다. 마지막 안건은 삼별초가 제주도에서 패망한 이유를 따져 보는 것입니다. 먼저 원고 측 변호사부터 심리를 진행해 주십시오.

김딴지 변호사 원고 김방경은 언제 어떻게 제주도의 삼별초를 멸망시켰나요?

김방경 나는 1273년 4월 몽골 황제와 국왕 원종의 명령을 받들어, 몽골군 장수 흔도 장군과 함께 1만 2천 명이 넘는 여·몽 연합군을 이끌고 제주도를 공격했습니다. 이때 여·몽 연합군은 좌군, 우군, 중군, 이렇게 3군으로 이루어져 있었으며, 1백 척이 넘는 큰 전선을 타고 화려하게 진격을 시작했죠. 우리는 별 어려움 없이 제주도에 상륙하여 세 방향으로 쥐를 몰듯 삼별초를 공격하여 항파두성을 함락시켰답니다. 적장 김통정은 삼별초 잔당 70여 명을 이끌고 한라산으로 도망쳐 버렸지. 우리 여·몽 연합군의 완벽한 승리였다고나 할까요?

"반역자 김방경은 거짓말 마라!"

갑자기 피고 측 방청객이 김방경의 허풍 섞인 자랑에 호통을 쳤다. 이에 아랑곳하지 않고 김딴지 변호사가 김방경에게 즉시 맞장구를 쳤다.

김딴지 변호사　　화려한 승리였군요. 물론 삼별초 반란은 1271년 5월, 진도 전투로서 사실상 끝난 것이나 다름없지만, 어쨌든 1273년 4월, 제주도 전투에서 승리함으로써 종지부를 찍었군요. 그렇다면 여·몽 연합군이 어떻게 이렇게 끈질긴 삼별초를 쉽게 제압할 수 있었나요? 어떤 비결이라도 있었나요?

김방경　　특별한 비결은 없었습니다. 어디까지나 삼별초 세력이 크게 약화되었기 때문이고, 육지의 백성들이 더 이상 그들을 도와주지 않았기 때문이기도 하지요. 다 알다시피 진도가 함락되었을 때 삼별초는 절반 이상 죽었거나 부상당했소. 나머지 패잔병을 김통정이라는 작자가 허겁지겁 제주도로 도피시켰던 거지. 그래 봤자 그들의 숫자는 적었고, 제주도 자체가 육지와 멀리 떨어진 섬이라서 무기와

　　왜 삼별초는 최후까지 싸웠을까?

식량을 확보하는 데 어려움을 겪었을 것이 뻔했지요. 또한 육지 백성들의 호응을 받는다는 것은 아예 생각할 수도 없었을 테고…….

김딴지 변호사　제주도의 삼별초는 수많은 어려움에 직면하고 있었군요. 그러한 삼별초군을 진압하기란 '식은 죽 먹기'였겠네요. 어쨌든 수고 많이 하셨습니다. 그럼 삼별초 반란을 진압한 역사적 의미는 무엇인가요?

김방경　고려 왕실에 반하는 역적의 무리를 제거했다는 측면 이외에도, 몽골 제국의 영향권에 속하기를 거부하는 모든 반란 세력을 무려 40년 만에 멸망시켰다는 긍정적 의미가 있습니다.

김딴지 변호사　맞습니다. 최우가 1232년에 강화도로 천도해서 대몽 항쟁을 국가 정책으로 내건 이후, 1273년에 삼별초 반란이 완전히 종식되었으니까 대략 40년쯤 되죠. 여·몽 연합군이 삼별초를 최후로 항복시킨 이후의 역사는 어떻게 전개되는지요?

김방경　우리 고려국의 위상이 크게 높아졌소이다. 최씨 무신 정권이 몽골군과 항전하던 시기에는 몽골 황제들이 우리 고려를 매우 싫어하고 미워했지만, 이제 고려 국왕이 몽골 황제와 손잡고 삼별초를 공격해서 섬멸해 버리자, 고려를 소중하게 여기고 은혜를 베풀었죠. 이후 나는 몽골군 원수와 힘을 합쳐 일본을 두 번이나 공격해 고려인의 자부심을 드높였답니다.

김딴지 변호사　삼별초 반란을 제주도에서 끝내 버린 것은 결국 고려 입장에서 좋은 일이었네요. 그렇죠?

김방경　그렇다마다. 삼별초 역적을 없애버림으로써 고려국의 국제적 위상도 높이고, 고려 백성들에게 평화를 안겨 주었으므로 일석이조의 효과가 있었다고 자부합니다.

김딴지 변호사　최후의 순간까지 귀한 증언을 해 주셔서 감사합니다. 존경하는 판사님! 이제 제주도 전투를 총지휘하였고, 삼별초 반란을 실제적으로 진압했던 흔도 장군을 증인으로 채택하는 바입니다.

판사　좋습니다. 원고의 설명이 부족한 면이 있고, 또한 흔도 장군이 제주도 전투의 총지휘자였다고 하니 삼별초가 패망한 이유를 잘 알고 있을 듯합니다. 증인은 선서대 앞으로 나와 선서해 주십시오.

이때 까만 피부에 가느다란 눈을 뜬 무섭게 생긴 몽골 장군 한 명이 화살통을 등에 차고 휘어진 몽골 칼을 휘두르며 입장했다.

흔도　나는 제2차 삼별초 토벌군 총사령관으로서 깨끗하고 정직한 증언만 할 것을 위대한 몽골인을 대표하여 한국사법정 앞에서 떳떳이 선서합니다!

김딴지 변호사　증인은 앞서 증언한 바 있었던 제1차 삼별초 토벌군 사령관 아해 장군의 후임으로 고려에 왔지요?

흔도　그렇소. 나는 기병전이나 해상전이나 가릴 것 없이 승리를 거두었소. 나는 우리 몽골 황제의 명을 받들어 즉각 진도 전투, 제주도 전투를 치렀고 모조리 승리하여 혁혁한 전공을 세웠소. 말하자면 싸움에서 진 적이 전혀 없소이다.

김딴지 변호사　그랬군요. 증인은 몸소 제주도 전투를 총지휘한 적이 있는 만큼 당시 내막을 잘 아실 텐데요, 제주도의 삼별초가 패배한 이유가 무엇이었다고 보시나요?

흔도　여러 가지 이유가 복합되어 있소이다. 먼저 삼별초 자체 병력이 얼마 되지 않았다는 점이오. 아마 2천 명 이하였을 겁니다. 그 정도 미미한 병력으로 1만 명이 넘는 여·몽 연합군에 맞설 수는 없었죠. 다음으로 제주도라는 섬의 자연 지리적 특성 때문이기도 하지요. 제주도는 상당히 큰 섬이죠. 해안선이 너무 길어 적은 삼별초 병력으로는 그 넓은 해안선을 다 방어할 수 없었소. 더구나 산악 지대는 섬 가운데에 있는 한라산이 유일하죠. 그래서 숨어 있을 곳도 별로 없었으니 삼별초를 소탕하기가 쉬웠답니다. 마지막으로 여·몽 연합군의 준비가 철저히 이뤄졌던 점을 지적할 수 있습니다. 나는 육지의 백성과 별초군이 삼별초를 돕지 못하도록 설득하는 데 성공했고, 대규모 선단을 갖춰 1만이 넘는 여·몽 연합군을 강하게 훈련시켰으며, 다양한 화약 무기까지 동원하여 삼별초를 무찔렀습니다. 제주도의 삼별초가 용맹하다는 소문을 들었지만 우리의 힘 앞에서는 아무것도 아니었던 거죠. 그래서 그들은 패망할 수밖에 없었습니다.

김딴지 변호사　증인의 증언을 요약하면, 제주도의 삼별초는 방어에 한계가 있었는 데 비해, 숫자가 많아 기세등등한 여·몽 연합군은 훈련도 잘 되어 있었고, 무기까지 훌륭했다, 이 말씀이시죠?

흔도　그것 참 시원하게 잘 요약해 주시네요. 바로 그렇습니다.

김딴지 변호사　증인은 항복한 제주도의 삼별초군을 어떻게 처리했나요?

흔도 　우리 몽골 제국에 반역을 했던 삼별초의 군인 중 장교급은 사형에 처하고, 다수의 삼별초 병졸은 너그럽게 용서해 주었소이다. 그 병사들도 넓게 보아서는 몽골 황제의 신하가 아니겠어요? 그리고 일본 정벌을 위해서 꼭 필요한 인적 자원이기도 하고요.

김딴지 변호사 　그런데 궁금한 것이 있어요. 역적의 우두머리인 피고 김통정은 그 후 어떻게 되었나요?

흔도　　그자는 우리 여·몽 연합군을 두려워한 나머지 한라산 꼭대기로 부하들을 데리고 도망쳤다고 들었는데, 훗날 한라산을 샅샅이 수색해 보니 목매달아 자살했다고 합디다. 그자의 시신을 수습함으로써 제주도의 삼별초 토벌전은 끝이 났지요. 자살했다고는 하지만 우리 여·몽 연합군 측의 끈질긴 설득에 넘어간 자신의 부하에게 살해되었을 가능성도 있지요.

자신의 죽음이 언급되자, 피고석에 앉아 있던 김통정은 분노를 참지 못하는 표정으로 한숨을 푹푹 내쉬었다. 뭔가 할 말이 많지만 애써 참고 있는 듯했다.

김딴지 변호사　　그러면 증인은 삼별초를 직접 물리친 사람으로서 삼별초 패망의 의미를 어떻게 해석하시나요? 오늘 재판의 최종적인 질문인 만큼 핵심만 간추려서 명쾌하게 말씀해 주시죠.

흔도　　▶삼별초 역적 패당이 모두 소멸됨으로써 이후 고려는 평화 시대를 맞이하게 되었고, 우리 몽골 황제의 은총을 받게 되어 몽골 제국 내의 그 어떤 제후국보다도 존중되었죠. 그리고 몽골에 충성한 고려 왕은 대대로 몽골 황제의 사위가 되었으므로 고려는 몽골의 부마국(駙馬國)으로서 정치적으로 안정되고, 경제적으로도 부유해질 수 있는 토대를 마련했다고나 할까요.

교과서에는

▶ 고려는 오랜 항쟁의 결과, 원나라에 정복당하거나 속국이 된 다른 나라들과는 달리 원나라의 부마국이 되었습니다.

김딴지 변호사　아, 그렇군요. 증인의 뛰어난 식견에 감탄했습니다. 지금까지 증언하느라 고생하셨습니다.

존경하는 판사님, 그리고 배심원과 방청객 여러분! 삼별초가 멸망함으로써 고려에 마침내 평화 시대가 찾아왔고, 고려는 몽골 제국과 더욱더 친하게 되어 부강한 국가가 되었습니다. 이 어찌 환영할 만한 일이 아니겠습니까? 이상입니다.

판사　원고 측은 삼별초 패망을 긍정적 의미로 받아들였는데요, 그렇다면 피고 측의 견해는 어떠한지 들어 보아야죠. 이번엔 피고 측 차례입니다. 이대로 변호사는 심리 진행하세요.

이대로 변호사　지금까지 원고 측의 말도 안 되는 증언을 꾹 참고 있느라고 많이 힘들었습니다! 원고 측의 주장은 자기 합리화에 지나지 않는, 그야말로 무책임한 발언입니다. 저는 피고 김통정의 증언을 통해서 역사의 진실이 과연 무엇인지를 밝혀 낼 것입니다. 피고는 진도에서 제주도로 곧바로 내려간 이유를 짤막하게 설명해 주시죠.

김통정　제주도는 대몽 항쟁 시절에 강화도 다음으로 점찍어 놓은 도읍지 후보였습니다. 몽골군에게 강화도가 침공당할 경우 모든 관리와 군인들은 즉시 제주도로 이동하게끔 훈련하고 있었던 것이죠. 그러므로 저희 삼별초가 진도에서 제주도로 옮겨 간 것은 너무도 당연한 일이었습니다.

이대로 변호사　음, 그런 역사적 수수께끼가 숨어 있었네요. 잘 알았습니다. 그럼 피고는 제주도 방어를 위해 어떤 노력을 했나요?

김통정　제주도의 삼별초는 방어기지로서 항파두성을 이중으로

두껍게 쌓았으며, 여·몽 연합군의 제주도 상륙을 막기 위

해서 환해장성(環海長城)을 무려 3백여 리(약 118km)나 쌓

았습니다. 성을 쌓는 데에는 남녀노소 할 것 없이 제주도

의 백성들이 자발적으로 나서서 도와주었고요.

이대로 변호사　　환해장성을 무려 3백 리나 쌓았다니

여·몽 연합군의 상륙전에 철저히 대비했던 거군요. 그런데 항파두

성은 어떤 성격의 성입니까?

김통정　　제주도 삼별초군의 지휘부가 있던 곳이 바로 항파두성입

니다. 항파두성은 내성과 외성으로 되어 있어서 견고했지요. 내성은

사각형의 석성이고, 외성은 내성을 둘러싸고 있는 토성이지요. 나는

이곳에서 유존혁 대장군을 모시고 실제적으로 모든 삼별초를 지휘

했답니다.

이대로 변호사　　그러면 제주도의 삼별초군은 어떠한 활약을 하였

는지 궁금하군요.

김통정　　▶우리는 제주도 항파두성에서 전열을 가다듬었고, 본격

적으로 서남해안의 진출을 준비했죠. 당시 무능했던 고려의 왕 원종

은 몽골의 앞잡이가 되어 일본 정벌 준비에 박차를 가하고 있었습니

다. 경상도 합포에서 전함을 만들고 군사를 조련시키고 있

었으며, 군량미를 확보하고 있었죠. 우리 삼별초가 합포를

기습하여 전함을 불태우고 몽골군 지휘자들을 죽이는 등

여러 차례 공을 세웠습니다. 이뿐만이 아니랍니다. 개경

근처까지 바닷길로 북상하여 우리의 위엄을 드러내어 허

송세월하면서 방탕하게 놀고 있던 원종을 두려움에 떨게 했습니다.

이대로 변호사　나름대로 제주도의 방어 체계를 잘 갖추었고, 합포 공격을 시도하는 등 맹활약을 하셨는데, 왜 제주도의 삼별초는 허망하게 무너졌는지 논리적으로 증언해 주시죠.

　이대로 변호사의 말을 듣고 김통정은 옛날의 숨 막히는 고통을 떠올리며 잠시 눈을 감았다 뜨더니 조용히 말문을 열었다. 청중들도 숨죽이며 그를 바라보았다.

김통정　먼저 삼별초 정부, 삼별초 왕국의 정통성이 사라졌다는 점을 지적하고 싶어요. 진도가 함락되는 순간, 몽골 대장 흔도의 부하였던 반역자 홍다구가 우리의 황제 승화후 왕온을 시해하는 만행을 저질렀습니다! 더구나 배중손 장군은 우리를 제주도로 안전하게 빠져나가게 하려고 몸소 진도 남쪽의 남도석성에서 적과 싸우다 전사하셨죠. 그것으로 삼별초 정부의 결속력은 크게 약화되고 말았어요. 더 이상 육지의 백성들이 우리를 하나의 왕조로 볼 수 있는 근거가 사라졌다는 말입니다.

이대로 변호사　듣고 보니 그렇군요. 삼별초 정부는 하나의 왕조였잖아요. 그리고 개경의 왕조를 외세와 손잡은 가짜 왕조라고 불렀잖아요. 승화후 왕온이 홍다구라는 못된 자에게 시해된 마당에 더 이상 삼별초 왕조라고 불릴 수는 없었겠네요. 그 밖의 중요한 요인은 없나요?

김통정　다음으로 우리 제주도 삼별초군의 자체 역량을 강화시킬 수 없었다는 점을 지적해야겠군요. 제주도의 삼별초군은 본래 제주도에 머물러 있던 이문경 휘하의 삼별초, 유존혁 대장군이 남해도에서 몸소 거느려 온 삼별초, 진도 전투에서 패배하여 내가 데려온 삼별초 패잔병을 모아서 구성되었습니다. 그 병력 수는 2천 명 정도로 그리 많지 않았습니다. 적은 병력을 만회하기 위해서 제주도민을 설득하여 병사를 뽑기도 했습니다. 하지만 워낙 제주도에는 여자가 많아 남자 장정을 군인으로 선발하기가 쉽지 않았습니다.

한편 우리 제주도 삼별초군이 강해지려면 성능이 뛰어난 수성용 무기와 많은 군량미가 필요했는데, 이것을 얻기가 어려웠습니다. 제주도가 육지에서 멀리 떨어져 있는 데다가 여·몽 연합군이 남해안을 봉쇄하고 있었기 때문이죠. 따라서 제주도 삼별초군은 진도 시절에 비해 전력이 많이 약해졌고, 여·몽 연합군을 이겨 내기에는 역부족이었던 겁니다.

이대로 변호사　구구절절 이해가 되네요. 참 아쉽군요. 용감한 삼별초 장병들의 사기는 하늘을 찌를 듯했는데, 여러 여건이 매우 나빴군요. 피고의 증언은 이것으로 끝인가요?

김통정　아닙니다. 하나 더 있습니다. 우리 제주도 삼별초는 일본, 남송과 국제적으로 연대해서 여·몽 연합군의 침공을 저지하는 데 실패했습니다. 특히 우리는 일본국에 사신을 파견하여 몽골 제국에 맞서자고 설득에 또 설득을 거듭해 보았지만 오히려 그들은 우리 삼별초를 매우 의심하며 협조해 주지 않더군요. 결국 일본도 나중에

여·몽 연합군에게 침공당하고 말았죠. 우리의 말을 믿고 협조해 주었더라면 삼별초와 일본국이 아마 여·몽 연합군을 격퇴시킬 수 있었을 텐데, 무척이나 아쉽고 씁쓸하군요.

이대로 변호사   일본, 남송과 국제적 연대와 협조가 없어서 제주도의 삼별초는 쉽게 무너진 게로군요. 새로운 해석이 참신하군요. 그렇다면 제주도에서 아쉽게 끝나 버린 삼별초 항쟁의 역사적 의미는 무엇이라고 생각하나요?

김통정   아까 원고 측의 삼별초 항쟁에 대한 주장을 듣다 보니 벌컥 화도 나고, 울컥 부아가 치밀기도 했습니다. 원고 측의 해석은 '삼별초 위상 깎아내리기'에 지나지 않아요. 우리 삼별초 정부는 최씨 무신 정권과는 확연히 다릅니다. 원고 측 주장과는 다르게 육지 백성들의 전폭적 호응도 얻었고요, 나를 비롯한 삼별초 용사는 야만스럽고 난폭하기로 소문난 이민족, 몽골 사람들을 모조리 무찌르고, 고려 본토를 되찾기 위해 죽음을 불사하고 싸우고 또 싸웠습니다. 누가 시켜서 그렇게 한 것은 아닙니다. 조국을 사랑하는 불타는 애국심과 사명감이 그런 초인적인 행동을 이끌었던 것입니다.

우리 삼별초 항쟁이야말로 '독립 항쟁'과 같은 성격을 지닙니다. 또한 삼별초 장병들은 모두 다 '독립투사' 혹은 '애국지사'로 추앙될 충분한 자격이 있습니다. 비록 우리가 강화도, 진도, 제주도로 옮기면서 3년간 항쟁하다가 결국 패망했다 하더라도 우리의 독립심, 애국심은 육지 백성들의 뇌리에 강하게 각인되었을 겁니다. ▶우리 삼별초 항쟁이 끝남에 따라 원나라의 몽골 사람들이 고려를 함부로 수탈하고 부려먹는 시대가 오지 않았습니까? 고려 임금들도 충(忠) 자가 들어가는 왕호를 사용하게 되었고요. 마치 일제 강점기와도 같은 그런 시대가 찾아오고 만 것입니다. 우리는 이런 불운한 시대에 정면으로 맞서 투쟁한 용사이자 독립투사였다는 말씀을 끝으로 증언을 마치고자 합니다.

김통정의 마지막 발언에 감동을 받은 피고 측 방청객들이 모두 일어나 박수를 쳤다. 김통정은 감정이 북받치는 듯 눈물을 흘렸다.

판사　아, 감동적인 연설이로군요. 피고 증언하느라 수고하셨습니다. 지금까지 세 차례에 걸쳐서 삼별초가 어떤 부대였는지, 그리고 삼별초는 어떠한 이유로 강화도에서 진도, 제주도로 옮겨 가며 몽골에 항전했는지, 왜 실패했는지, 마지막으로 이후 고려는 어떻게 되었는지에 대해 자세히 살펴보았습니다. 이 정도면 충분한 논의가 이루어졌다고 봅니다. 배심원 여러분! 각자가 원고나 피고 측의 입장이 되어서 꼼꼼히 안건들을 점검해 보고 심사숙고하여 한 달 후까지 최종 판결문을 작성해 저에게 보내 주시기 바랍니다. 이상으로 삼별초에 관한 재판을 모두 마치겠습니다.

지금도 남아 있는 몽골의 영향은
어떤 것이 있을까?

삼별초가 몽골의 침입을 막아 내려다 결국 1273년에 실패한 이후, 약 1백여 년간의 몽골(원나라)의 내정 간섭이 시작되었습니다. 이때 고려 사회는 몽골로부터 많은 영향을 받게 되는데, 아직도 그 흔적을 찾아볼 수 있습니다.

전통 혼례를 보면, 신부가 족두리를 쓰고 연지 곤지를 찍은 모습을 볼 수 있지요. 족두리는 원래 몽골 여자들의 외출용 모자였는데, 고려로 전해 오며 여인의 예식용 모자로 사용되었답니다. 또한 연지 곤지는 몽골 여자들이 결혼할 때 악귀를 쫓으려 찍었던 풍습이라고 하지요.

언어 표현에도 몽골의 흔적이 남아 있는 것들이 있어요. 우리가 흔히 '벼슬아치', '장사치'라고 말할 때 접미사 '-치'가 붙는 것도 몽골어의 영향을 받은 것입니다. 또한 당시 고려 왕실에 몽골 공주들이 많이 시집오면서 임금의 음식을 뜻하는 '수라', 임금의 가족을 높이 부르던 '마마', 궁녀를 뜻하던 '무수리' 같은 표현들이 전해졌지요.

음식을 한번 살펴볼까요? 우리가 흔히 많이 먹는 설렁탕은 농사를 지을 수 없는 유목 민족인 몽골 사람들이 양고기를 끓여 국물을 만들어 먹던 것에서 유래합니다. 당시 고려는 불교 국가였기 때문에 육식을 즐기지 않는 편이었는데, 몽골의 영향을 받아 앞서 말한 설렁탕을 비롯해 고기가 든 만두 같은 음식이 고려인의 일상에 들어오게 되었지요.

마지막으로 제주도의 목장을 예로 들 수 있습니다. 몽골은 일본 정벌을 위해 중국과 일본 사이에 있는 제주도를 전략적 요충지로 삼으며, 제주도에 탐라총관부를 설치했습니다. 그리고 목장으로 운영하기에 적합한 한라산 중산간의 자연 환경을 이용하여 제주도를 몽골의 군용마 공급지로 키웠지요. 그리하여 1276년, 몽골은 제주도 성산 수산 지역에 말 160필을 풀어놓고 키우기 시작하면서 처음으로 제주 목마장을 설치했어요. 그리고 이를 관리하는 몽골인 관리를 파견하기도 했답니다. "사람은 서울로, 말은 제주로 보내라"는 속담이 전해지는 것과 오늘날 제주도의 드넓은 초원에 목장이 많은 까닭이 이제 이해가 되지요?

다알지 기자

시청자 여러분, 안녕하세요? 저는 지금 김방경 대 김통정의 세 번째 재판이 막 끝난 한국사법정 앞에 나와 있습니다. 오늘 마지막 재판에서는 삼별초가 진도와 제주도로 옮겨 간 상황에 대한 논의가 있었습니다. 그리고 여·몽 연합군에 의해 삼별초가 진압된 뒤, 이후 고려가 어떤 상황에 놓이게 되었는지도 쟁점으로 떠올랐지요. 특히 당시 고려의 국왕이었던 원종과 삼별초를 지휘했던 배중손이 증인으로 나와 모두의 관심을 끌었습니다. 이외에도 몽골군과 삼별초군을 이끌었던 인물들이 나와 당시 상황을 생생히 증언해 주었습니다. 자, 이제 세 차례에 걸쳤던 재판을 마무리하며 두 분 변호사를 모시고 마지막 소감을 들어 보도록 하겠습니다.

김딴지 변호사

　　삼별초가 1270년부터 1273년까지 몽골 제국에 항쟁했다고 요란스럽게 떠드는 것은 실제로는 '삼별초 반란'입니다. 『고려사』에도 그렇게 기록돼 있지요. 개경으로 돌아가지 않고 강화도에 남아 반란을 일으킨 삼별초 두목 배중손은 마땅한 거처를 찾지 못해 70일 넘게 우왕좌왕하다가 진도에 입성하게 되었고, 그곳에서 겨우 1년간 버텼을 뿐입니다. 이후 삼별초 반란이 제주도에서 최종 진압됨으로써 고려는 몽골 황제의 총애를 받게 되어 평화 시대를 맞이하였고, 백성들도 편안한 삶을 누리게 되었습니다. 삼별초 반란 진압 이후 몽골 제국의 세력권 안에서 고려는 정치, 경제적으로 국제적 지위가 높아져, '코리아'라고 불리며 부강한 국가로 발돋움하게 되었던 것입니다.

　왜 삼별초는 최후까지 싸웠을까?

이대로 변호사

1270년 배중손 장군은 몽골군의 앞잡이가 된 원종을 응징하고, 침략자 몽골군을 고려 땅에서 몰아내기 위해 강화도에서 군사를 일으켰고, 미리 계획된 수도였던 진도로 천도한 것입니다. 진도의 삼별초는 삼별초 왕국을 세워 1년간 항쟁했으며, 진도가 함락된 후에는 근거지를 제주도로 옮겨 2년간 더 용맹하게 싸웠습니다. 삼별초군이 이처럼 3년 동안 항전한 원동력은 해상의 지배권을 장악했다는 측면 이외에도 여·몽 연합군의 수탈과 강제 노동에 억압 받던 육지 백성들의 심정적인 후원에 있었습니다. 이러한 삼별초 항쟁은 우리 민족의 자주성을 지키려 한 영웅적인 투쟁인 것이며, 독립 항쟁과도 같은 역사적 의미가 있는 것입니다.

삼별초 '반란'은 분명한 반역 행위!
VS
삼별초 '항쟁'은 민족의 자주성을
지키려 한 구국 항쟁!

판사　한국사법정에서는 세 차례에 걸쳐 삼별초의 진실에 관해 열띤 재판을 벌였습니다. 이제 최종 판결에 앞서서 원고와 피고가 자신의 입장을 마지막으로 정리할 시간이 되었습니다. 원고와 피고는 지금까지의 재판을 총정리하면서 한 점 부끄러움 없이 허심탄회하게 자신의 입장을 밝혀 주시기 바랍니다. 먼저 원고 김방경부터 최후 진술을 부탁드립니다.

김방경　나를 열성적으로 변호해 주신 김딴지 변호사께 감사드리며, 열렬히 응원해 준 방청객 여러분께도 고맙다는 말씀을 전합니다. 분명히 말하지만, 삼별초는 최씨 무신 정권의 사병으로서 정치 군인입니다. 그들은 백성을 억압하고 옳지 못한 방법으로 재물을 모으기도 했습니다. 뿐만 아니라 최씨 무신 정권에 반대하는 자들은 지위고하를 막론하고 모조리 잡아 죽였습니다. 이러한 극악무도한 사실이 명백한데도 삼별초를 대몽 항쟁의 영웅으로 만든 민족주의 사학자들이 한심할 따름입니다.

1270년 강화도에서 반란을 일으킨 삼별초는 역사의 큰 흐름에 순응하기를 거부했습니다. 당연히 몽골 제국을 인정하고 평화 관계를 맺어 태평성대를 열어나가야 했음에도 불구하고, 그들 삼별초는 어리석게도 몽골 제국과의 전쟁을 선택했습니다. 삼별초 역적 패당은 전라도, 경상도 백성들을 꾀어서 자기편으로 만들려고 했지만 실패하였고, 겨우 진도, 남해도, 제주도 등 몇몇 섬을 근거지로 목숨을 이어 나가다가 우리 여·몽 연합군의 쓴맛을 봤을 뿐이죠.

나는 가슴 아파도 같은 민족인 삼별초를 쳐부술 수밖에 없었답니다. 그것은 다음과 같은 이유에서였어요. 첫째, 최씨 무신 정권의 사병인 삼별초를 해체시키고, 정상적인 고려 국군을 창설하고 싶었습니다. 둘째, 당시 강대국이었던 몽골 제국을 섬겨 고려국의 지위를 높임으로써 백성들이 더 이상 전쟁에 신음하지 않고 편안한 삶을 누리게 하고 싶었습니다. 그래서 나는 항상 이렇게 마음속으로 다짐했죠.

'역적 삼별초를 없애버려야 평화 시대가 빨리 찾아오고, 우리 고려 백성들이 전쟁에서 벗어나 지상낙원을 만들 수 있다'고 말입니다.

실제로 내가 여·몽 연합군의 고려군 총대장으로서 삼별초를 무찌른 이후 우리 고려국은 몽골 황제의 총애를 받아 국제적 위상이 크게 높아졌습니다. 이때부터 '코리아'라는 우리나라 이름이 전 세계에 널리 퍼졌답니다. 사실이 이러한데도 삼별초의 괴수 김통정은 나를 민족 반역자로 매도하고 있을 뿐만 아니라 삼별초 반란을 정당화하고 있습니다. 딱 잘라 말하건대, 삼별초 반란은 분명한 반역행위로써 비판받아 마땅합니다! 이상입니다.

김통정　　나는 삼별초를 대표하여 판사님과 배심원 여러분들께 간곡히 호소합니다. 우리 삼별초는 공적인 임무를 수행한 고려의 정식 국군이 맞습니다. 원고 김방경의 말처럼, 삼별초 장교 가운데 몇몇이 고려 무신 정권의 심복 노릇을 하며 몹쓸 짓을 했다는 점은 인정합니다. 하지만 그들을 제외하면 대다수가 국방의 의무에 충실했던 훌륭한 장교들이었고, 백성들을 매우 아꼈던 애국자였습니다.

　우리 삼별초가 무능과 탐욕에 빠진 포학한 최씨 무신 정권이나 임씨 무신 정권을 붕괴시킨 것도 불타는 애국심과, 불의를 보지 못하는 정의감 때문이었습니다. 분명히 알아두실 점은, 우리 삼별초는 부패한 무신 정권을 증오했으며, 그러한 정권과 거리를 두고 있었다는 점입니다. 한편 1270년 삼별초가 강화도에서 반란을 일으켰다고 다들 호들갑을 떠는데, 이것은 사실과 다릅니다. 몽골 제국에 달라붙은 국왕 원종과 부몽배를 응징하고 고려를 식민지로 만들려는 몽골 제국과 싸우기 위해서 삼별초가 정의롭게 몽골에 맞섰던 겁니다. 그러므로 삼별초 반란이라는 용어는 잘못된 것이고, 당연히 '삼별초 항쟁'이라고 불러야 맞습니다. 저는 1천 척이 넘는 대규모 선단을 이끌고 강화도에서 진도로 내려갈 때 이렇게 다짐했습니다.

　'외세에 아부하고 백성을 도탄에 빠뜨리고 있는 국왕 원종과 부

몽배들을 모조리 제거하고, 몽골인을 고려 땅에서 몰아내 살맛 나는 세상, 자주적인 국가를 반드시 이루고 말리라.'

이러한 원대한 포부를 가지고 삼별초는 진도에 들어가 삼별초 왕국을 세웠던 것입니다. 삼별초 장병들이 간절히 원했던 꿈은 몽골 세력을 물리치고 백성들을 구하며, 고려 왕조를 정상적으로 회복하는 것이었습니다.

나는 삼별초 왕국 안에서 배중손 장군을 보필하며 육지 본토를 다시 얻기 위해 투쟁했고, 백성들의 열렬한 지지와 후원을 받았습니다. 우리 삼별초군은 뛰어난 해군력으로 여·몽 연합군을 번번이 격퇴해 나갔고, 병사들의 사기가 하늘을 찌를 듯했습니다. 하지만 우리 삼별초의 자만심과 여·몽 연합군 측의 이간책에 휘말려 어이없게 1년 만에 진도를 빼앗기고 제주도로 물러나게 되었죠. 그렇더라도 제주도에서 무려 2년이나 버티면서 최후의 한 명까지 용맹하게 싸우다가 하나씩 쓰러져 갔습니다.

이민족의 침입으로 위기에 처한 조국을 구하고자 하는 마음은 군인이라면 누구나 가지는 마음일 것입니다. 야만스럽고 횡포한 몽골군을 고려 땅에서 추방하고, 민족의 자존심과 자주정신을 지키기 위해 최후까지 싸운 삼별초의 항쟁 정신이 고귀하지 않습니까? 막강한 여·몽 연합군과 싸워서 이길 승산이 없다는 것을 알면서도 근거지를 옮겨 가면서 굴복하지 않고 끝까지 항쟁한 삼별초야말로 독립군과 같습니다. 삼별초 항쟁은 조국을 구하기 위한 독립 항쟁이 맞습니다!

왜 삼별초는 최후까지 싸웠을까?

판사 　네, 원고와 피고의 최후 진술을 잘 들어 보았습니다. 배심원 여러분도 수고 많았습니다. 지금 이 법정에는 보이지 않는 배심원이 있습니다. 바로 이 재판을 지켜보는 모든 분, 이 재판을 책으로 읽고 있는 독자 여러분이 그렇습니다. 여러 의견을 종합해 곧 최종 판결을 내리겠습니다.

　땅, 땅, 땅!

역사공화국 한국사법정 재판 번호 19 김방경 vs 김통정

주문

1. 삼별초는 그 임무와 역할을 볼 때 사병보다는 관군에 가깝다는 점이 인정된다.
2. 몽골군과의 항쟁에서 농민과 천민들이 삼별초보다 더 크게 활약했다.
3. 삼별초 정부는 고려 무신 정권과 차별성이 있었고, 삼별초 반란보다는 삼별초 항쟁이라는 명칭이 더욱 적절하다.
4. 삼별초는 일부 육지 백성들의 호응을 얻었지만, 그들의 전폭적인 지지는 받지 못했다고 판단된다.

판결 이유

1. 삼별초가 최씨 무신 정권에 의해 창설된 점은 분명하다. 그리고 삼별초 장교들 중 일부가 무신 정권의 심복 노릇으로 출세했다는 점도 인정한다. 그러나 모든 삼별초 장교들이 최씨 무신 정권의 심복이었다는 증거를 찾기 힘들며, 그들 모두가 사리사욕만을 챙겼다는 증거도 많지 않다. 또한 삼별초는 국가로부터 녹봉을 받았고, 경찰 임무 이외에도 대몽 전투, 수도 경비, 국왕 호위 등의 임무를 수행했으므로 사병이라기보다는 관군에 가깝다.

2. 대몽 전쟁기(1231~1259)에 삼별초는 몽골 제3차 침입 이후부터 전쟁을 수행하였다. 비록 산성과 섬에 삼별초가 파견되었더라도 그곳은 일반 백성, 특히 농민과 천민들이 지켰다. 따라서 대몽 전쟁기에 항쟁의 주체는 농민과 천민이라고 할 수 있으며, 삼별초는 이들을 보조하는 성격을 지닌다고 말할 수 있다.

3. 삼별초는 무능하고 부패에 빠진 무신 정권을 무너뜨렸다. 이것만 보아도 삼별초 정부가 고려 무신 정권과는 차별성이 있으며, 정치 쇄신을 원하고 있었다고 판단된다. 또한 1270년 강화도에서 삼별초가 반란을 일으켰다고 보는 것은 몽골 제국과 원종의 입장에서만 통한다. 더구나 삼별초 정부가 내건 구호는 '몽골군을 물리치고, 백성들을 편안케 하자'는 것이었다. 그러므로 삼별초 반란이라는 명칭보다는 삼별초 항쟁이라는 명칭이 더 적절하다.

4. 삼별초 정부가 진도에서 1년, 제주도에서 2년 동안 버틸 수 있었던 것은 육지 백성들의 암묵적인 호응과 지원 덕분이었음을 인정하는 바다. 하지만 백성들의 지원은 남부 지방에 한정돼 있었고, 중·북부 지방 백성들 전체가 삼별초를 지원한 것은 결코 아니었다. 당시 대부분의 백성들은 몽골 제국 아래의 고려 정부에 의해 통제되었다. 따라서 이것이 결국 삼별초 항쟁 실패의 원인이 되었다고 판단된다.

역사공화국 한국사법정 담당 판사 공정한

"삼별초의 후예가 오키나와 왕국을 세웠다는 건가요?"

여기는 여름철 휴양지로 소문난 일본 오키나와 섬. 푸른 바다 물결이 비취옥처럼 눈부시게 아름다운 곳이다. 김딴지 변호사는 그동안 법정 공방을 펼치느라고 지친 몸을 이끌고 이곳 오키나와로 피서를 왔다. 해변가 파라솔 아래서 선글라스를 쓴 채 비치 의자에 누워 낮잠을 자고 있을 때 갑자기 휴대전화가 울렸다.

띠라라~ 띠라라~ 띠라라~

김딴지 변호사는 깜짝 놀라 잠을 깨며 휴대전화를 덥석 받아 보았다.

"나는 김별초라는 사람이오. 제주도 삼별초 항쟁 때 살아남은 장교인데, 나와 만나 자초지종을 들어 보지 않으련지요, 김딴지 변호사님!"

믿지 못하겠다는 듯 김딴지 변호사는 얼른 되물었다.

"뭐라고요? 당신이 제주도에서 살아남은 삼별초 장교라고? 웬 뚱 딴지 같은 소리야? 제주도의 삼별초는 김통정을 끝으로 모조리 멸 망했잖아요? 거 이상하네?"

김별초라는 수상쩍은 이가 곧 답했다.

"절대 그렇지 않다니까요. 우리 삼별초는 전멸당한 게 아니고 살 아남은 자들이 이곳 오키나와 섬까지 내려왔단 말이오!"

의심스런 표정으로 김딴지 변호사는 즉시 맞장구쳤다.

"그럼 삼별초 생존자가 오키나와 섬으로 내려왔다는 증거를 대 보시오."

김별초라는 사람이 웃으며 대답했다.

"우선 내일 만나서 시원하게 답변해 드리죠. 먼저 만나 보자니 까요!"

호기심에 이끌린 김딴지 변호사는 냉큼 만나겠다는 약속을 정했다.

"알겠어요. 내일 오후 아무 때나 나를 만나고 싶으면 오세요. 나는 비치 호텔 202호실에 묵고 있으니까."

다음날 오후가 되자 키가 크고 긴 수염을 기른 멋진 사내 한 명이 도포 차림으로 비치 호텔 202호실을 찾아왔다. 설마 했던 김딴지 변 호사는 실제로 김별초가 찾아오자 깜짝 놀랐다.

"도대체 제주도의 삼별초가 수천 리나 떨어진 이곳 오키나와까지 왔다는 증거가 어디에 있죠?"

김별초는 큰 소리로 또렷하게 말했다.

"첫째, 오키나와 왕국의 기와는 진도 용장산성에서 출토된 것과 매우 흡사하죠. 둘째, 오키나와 왕국 '우라소에' 지방에서 출토된 기와에는 '계유년에 고려의 기와 장인이 만들었다(癸酉年 高麗瓦匠 造)'라는 글자가 새겨져 있소이다. 여기서 계유년은 1273년으로 삼별초가 제주도에서 패망한 해이고, 여기서 고려 장인은 삼별초가 오키나와로 데려온 기술자를 말하죠. 셋째, 1982년 오키나와 수리성 발굴 조사에서 어골문(魚骨文)을 가진 고려 기와들이 많이 출토되었는데, 어골문은 고려 기와의 대표적 무늬랍니다."

김딴지 변호사는 너무나 확신 있게 말하는 김별초의 위엄에 눌려 놀란 표정으로 말했다.

"설명을 듣고 보니 제주도의 삼별초가 오키나와로 내려간 것이 사실일 수도 있겠군요. 그러면 김별초씨는 왜 다른 나라로 가지 않고 오키나와로 갔나요?"

"당시 남송은 곧 몽골 제국에게 멸망당할 지경이었고, 일본은 우리 삼별초군의 망명을 받아 주지 않았죠. 따라서 남쪽 망망대해를 건너 이곳 오키나와에 오게 되었소. 오키나와는 '유구' 혹은 '류큐'로 불렸던 작은 섬나라였기에 더욱 안전하였죠."

이제야 의심이 완전히 걷힌 김딴지 변호사는 김별초에게 호의를 느끼며 질문했다.

"제주도의 삼별초가 오키나와에 도착하였다는 것은 인정하겠습니다. 그런데 김별초 당신이 하고 싶은 말이 무엇인가요?"

왜 삼별초는 최후까지 싸웠을까?

김별초는 잠시 고개를 떨구고 힘들었던 과거를 회상하며 이야기를 꺼냈다.

"나는 원종과 충렬왕을 법정에 세우고 싶습니다! 그들은 몽골 제국에 아부하여 고려의 자주정신을 크게 훼손했으며, 백성들을 수탈하고, 일본에 대한 침략 전쟁을 일삼아 국가 재정을 파탄지경에 이르게 했습니다. 더욱더 중요한 문제는 원종과 충렬왕의 비굴한 행동 때문에 고려가 몽골 제국의 식민지로 전락했다는 점입니다. 따라서 그

죄는 죽어서도 물어 마땅한데, 역사가들은 오히려 원종과 충렬왕을 국제적 감각과 지혜를 가진 군주로 옹호합니다. 이것은 너무나 부당한 일입니다. 민족 반역자 원종과 충렬왕을 법정에 세워서 역사의 진실을 밝히고, 그들의 죄상을 드러내 벌을 주어야만 합니다. 또한 이곳 오키나와에 삼별초 무리가 왕국을 세워 재기를 노리고 있었다는 사실을 제대로 평가 받고 싶습니다!"

김별초의 호소력 짙은 연설을 들은 김딴지 변호사는 그의 주장에 동감하며 말했다.

"원종과 충렬왕은 오키나와에 삼별초 후예가 있었다는 사실을 몰랐겠죠? 김별초 당신이 오키나와에서 살면서 원했던 바는 무엇이었나요?"

"하루빨리 몽골 제국이 멸망하고, 우리 고려가 몽골의 식민지로부터 해방되기를 간절히 바랐지요. 그리고 오키나와의 삼별초 후예들이 당당히 고려로 돌아가 환영 받는 그날을 꿈꾸었죠. 하지만 고려가 몽골 제국의 압제로부터 해방되기까지는 무려 1백 년의 시간이 걸렸습니다. 그래서 우리 삼별초 후예들은 고려로 복귀하지 못했어요. 그 대신 이곳 오키나와 왕국을 더욱더 튼튼한 국가로 만드는 데 심혈을 기울였죠. 그 결과 오키나와는 상당한 문명국가로 발전했답니다."

김별초의 청산유수 같은 화술에 감탄한 김딴지 변호사는 그를 위해 성심껏 변호해 주기로 마음을 굳혔다.

제주도 항파두리 항몽 유적지

바다도 푸르고, 하늘도 푸르고, 공기도 맑은 아름다운 제주이지만 이 제주를 여행하다 보면 슬픈 역사를 간직한 여행지를 종종 만나게 됩니다. 그중 제주시 애월읍에 위치한 '항파두리 항몽 유적지'는 고려 시대 삼별초의 안타까운 역사를 간직한 곳이지요. 몽골군이 침입해 왔을 때 맹렬히 맞서 싸우던 삼별초는 해산 명령을 듣게 됩니다. 하지만 해산하지 않고 끝까지 몽골에 대항해서 싸우지요.

진도에서 용장산성을 만들고 대항하던 삼별초는 여·몽 연합군에게 패하여 근거지를 옮기게 되는데, 이때 선택한 곳이 제주도입니다. 결국 강화도에서 다시 진도로, 진도에서 다시 제주도로 내려오게 되는데, 제주도에 있는 항파두리 항몽 유적지가 바로 삼별초가 마지막까지 전투를 치르던 장소인 것이지요.

사적 제396호로 지정되어 있는 항파두리 항몽 유적지에 가면 당시에 죽은 사람들의 뜻을 기리는 '항몽순의비'도 볼 수 있고, 그때 당시에 있던 건물 초석들도 볼 수 있습니다. 특히 이곳에는 1271년 삼별초가 제주도로 와서 김통정 장군의 지시로 쌓은 '항파두성'이 있지요. 몽골군의 공격에 대비해 쌓은 이 성은 내성과 외성으로 된 이중 성입니다. 내성은 돌로 쌓은 석성이고 외성은 흙으로 만든 토성인데, 지금까지도 그 형태가 남아 있답니다.

항파두리 토성은 1273년인 원종 14년에 고려 장군인 김방경과 몽골 장군인 홍다구 등이 이끄는 연합군의 공격에 함락된 것으로 보입니다. 이로써 3년여 동안 이어진 제주 삼별초의 항몽 활동이 끝난 것이지요.

찾아가기 주소 제주특별자치도 제주시 애월읍 고성남길
전화번호 064-728-8677 이용시간 09:00~18:00

항몽순의 비

항파두리 토성

『역사공화국 한국사법정 19 왜 삼별초는 최후까지 싸웠을까?』와 관련한 논술 문제를 풀어 봅시다.

※ 다음 제시문을 읽고 물음에 답하시오.

(가) '별초'는 고려 시대의 군사 조직으로 '용사들로 조직된 선발군'이라는 뜻이랍니다. 삼별초의 시작은 '야별초'였지요. 밤마다 도성 안을 순찰하는 임무를 맡아 도둑을 지키는 일을 했습니다. 뒤에 야별초는 좌별초와 우별초로 편성되었고, 여기에 몽골에서 탈출한 병사들로 이루어진 군대인 '신의군'이 더해져 '3개의 별초' 즉 '삼별초'가 탄생합니다.

(나) 강화도 천도로 정권을 잡은 귀족들과 함께 삼별초는 강화도로 옮겨 와 있었습니다. 그런데 조정에서 친몽 정책을 통해 몽골과 화의하게 되고 몽골군과 싸우던 삼별초에게 개경으로 돌아올 것을 명하지요. 하지만 삼별초는 조정의 명령을 따르지 않습니다. 이에 조정에서는 고려 장군 김방경과 고려인이면서 원나라로 건너가 장수가 된 홍다구로 하여금 삼별초를 치도록 하였지요. 여·몽 연합군은 진도에서 삼별초와 전투를 벌이게 되고, 몽골의 신무기인 철포를 지원받아 진도를 점령하는 데 성공합

니다. 진도에서 삼별초를 이끌던 배중손은 이 전투에서 결국 죽고 말지요. 배중손의 뒤를 이은 김통정은 남은 삼별초를 이끌고 탐라 즉 지금의 제주로 후퇴를 합니다. 결국 1273년 제주도에서 삼별초와 여·몽 연합군의 대규모 전투가 벌어지고, 700명의 삼별초는 1만 3000명에 이르는 여·몽 연합군에 맞서 필사적으로 싸웠지만 결국 여·몽 연합군의 승리로 끝을 맺게 됩니다.

1. (가)는 삼별초 탄생에 관한 내용이고, (나)는 삼별초의 끝에 관한 내용입니다. (가)와 (나)를 보고 역사 속에서의 삼별초의 의의에 대해 쓰시오.

※ 다음 제시문을 읽고 물음에 답하시오.

  고려의 무신이 정권을 잡았을 무렵, 중국에서는 칭기즈 칸이 몽골 제국을 건설하여 세력을 확장하고 있었습니다. 이 시기 거란족이 반란을 일으키며 도망 다니다가 고려의 국경을 넘게 되었지요. 이에 고려는 몽골과 연합하여 거란족을 물리칩니다. 이후 몽골은 고려에게 이 사건을 빌미로 많은 공물을 요구하였지요. 그러던 차에 몽골의 사신이 살해당하는 사건이 발생하고 이 사건은 몽골과의 전쟁으로 확산되게 됩니다.

  1231년 몽골의 침입으로 전쟁이 시작됩니다. 여섯 차례에 걸친 몽골의 침입에 우리 민족은 지옥 같은 30년을 보내야 했습니다. 또 대구 부인사에 보관하고 있던 대장경 판목이 불타는가 하면 경주 황룡사 9층탑이 불타 사라지기도 하였지요.

  특히 몽골의 군대는 말을 타고 이동하는 기마병이 아주 우수하였습니다. 그래서 조정에서는 당시 수도였던 개경을 버리고 강화도로 이동하고자 하였습니다.

2. 이 글은 몽골이 침입한 배경과 경과에 대한 글입니다. 수도를 강화도로 옮긴 이유가 무엇이었겠는지 추측하여 3가지 이상으로 서술하여 쓰시오.

왜 삼별초는 최후까지 싸웠을까?

해답 1 강화도로 천도를 한 이후 여러 정변을 거쳐 집권자가 바뀌면서 강화도로 천도한 원래의 목적은 잊고 귀족들은 안이한 생활을 했습니다. 그래서 강화도는 정쟁에 휩싸이고 비상 사태임에도 불구하고 백성들의 안위는 잊혀져 갔지요. 이후 무신 정권이 무력화되고 개경으로 다시 도읍을 옮기면서 몽골과 강화를 하게 됩니다. 당연히 무신 정권과 함께 자라난 삼별초는 크게 힘을 잃게 되었지요.

이에 해산하라는 명령까지 듣게 된 삼별초는 강화도에서 진도로 근거지를 옮기고 성을 구축합니다. 또한 진도가 여·몽 연합군의 공격으로 함락되자 제주도로 옮겨 끝까지 저항합니다. 하지만 1273년 여·몽 연합군의 공격에 패함으로써 역사 속에서 영원히 사라지게 되지요.

사실 삼별초는 무신 세력을 유지하는 기반이었습니다. 하지만 강화도-진도-제주도로 이어지는 그들의 항쟁은 몽골에 끝까지 맞선 고려의 자주 의식을 보여 준 사례이기도 함을 간과해서는 안 될 것입니다.

해답 2 제시문에도 나와 있듯이 몽골의 군대는 넓은 초원에서 말을 타고 다니던 군대입니다. 따라서 몽골의 군대는 산이나 바다에서는 약할 수밖에 없지요. 또한 강화도는 지리적으로 당시 수도였던 개경과 인접해 있습니다. 가까운 곳이기 때문에 천도하기가 쉬웠지요. 그리고 강화도는 섬이 크고 곡식의 생산이 많아서 물자를 구하기 쉬웠습니다. 설사 없는 물자가 있다고 하더라도 배를 이용하여 쉽게 옮길 수 있다는 장점이 있었습니다. 또한 강화도는 밀물과 썰물의 차가 커서 외부에서 기습을 하는 것이 어려운 지리적인 장점이 있었습니다. 이렇게 여러 장점이 있는 곳이라 강화도로 천도를 결정한 것입니다.

* 해답은 예시로 제시된 내용입니다.

역사공화국 한국사법정 19

왜 삼별초는 최후까지 싸웠을까?

ⓒ 강재광, 2011

초 판 1쇄 발행일 2011년 2월 15일
개정판 1쇄 발행일 2012년 6월 15일
개정판 6쇄 발행일 2022년 1월 26일

지은이 강재광
그린이 이주환
펴낸이 정은영

펴낸곳 (주)자음과모음
출판등록 2001년 11월 28일 제2001-000259호
주소 10881 경기도 파주시 회동길 325-20
전화 편집부 (02) 324-2347 경영지원부 (02) 325-6047
팩스 편집부 (02) 324-2348 경영지원부 (02) 2648-1311
이메일 jamoteen@jamobook.com

ISBN 978-89-544-2319-9 (44910)

개정판 + 신판

과학자가 들려주는 과학 이야기 (전 130권)

위대한 과학자들이 한국에 착륙했다!
어려운 이론이 쏙쏙 이해되는 신기한 과학수업,
〈과학자가 들려주는 과학 이야기〉 개정판과 신간 출시!

〈과학자가 들려주는 과학 이야기〉 시리즈는 어렵게만 느껴졌던 위대한 과학 이론을 최고의 과학자를 통해 쉽게 배울 수 있도록 했다. 또한 지적 호기심을 자극하는 흥미로운 실험과 이를 설명하는 이론들을 초등학교, 중학교 학생들의 눈높이에 맞춰 알기 쉽게 설명한 과학 이야기책이다.

특히 추가로 구성한 101~130권에는 청소년들이 좋아하는 동물 행동, 공룡, 식물, 인체 이야기와 최신 이론인 나노 기술, 뇌 과학 이야기 등을 넣어 교육 과정에서 배우고 있는 과학 분야뿐 아니라 최근의 과학 이론에 이르기까지 두루 배울 수 있도록 구성되어 있다.

★ *개정신판 이런 점이 달라졌다!* ★

첫째, 기존의 책을 다시 한 번 재정리하여 독자들이 더 쉽게 이해할 수 있게 만들었다.

둘째, 각 수업마다 '만화로 본문 보기'를 두어 각 수업에서 배운 내용을 한 번 더 쉽게 정리하였다.

셋째, 꼭 알아야 할 어려운 용어는 '과학자의 비밀노트'에서 보충 설명하여 독자들의 이해를 도왔다.

넷째, '과학자 소개·과학 연대표·체크, 핵심과학·이슈, 현대 과학·찾아보기'로 구성된 부록을 제공하여 본문 주제와 관련한 다양한 지식을 습득할 수 있도록 하였다.

다섯째, 더욱 세련된 디자인과 일러스트로 독자들이 읽기 편하도록 만들었다.

과학공화국 법정시리즈 (전 50권)

생활 속에서 배우는 기상천외한 수학·과학 교과서!
수학과 과학을 법정에 세워 '원리'를 밝혀낸다!

이 책은 과학공화국에서 일어나는 사건들과 사건을 다루는 법정 공판을 통해 청소년들에게 과학의 재미에 흠뻑 빠져들게 할 수 있는 기회를 제공한다. 우리 생활 속에서 일어날 만한 우스꽝스럽고도 호기심을 자극하는 사건들을 통하여 청소년들이 자연스럽게 과학의 원리를 깨달으면서 동시에 학습에 대한 흥미를 가질 수 있도록 구성하였다.

철학자가 들려주는 철학 이야기 _(전 100권)

아이들의 눈높이에 맞춘 철학 동화!
책 읽는 재미와 철학 공부를 자연스럽게 연결한 놀라운 구성!

대부분의 독자들이 어렵게 느끼는 철학을 동화 형식을 이용해 읽기 쉽게 접근한 책이다. 우리의 삶과 세상, 인간관계에 대해 어려서부터 진지하게 느끼고 고민할 수 있도록, 해당 철학 사조와 철학자들의 사상을 최대한 풀어 썼다.

이 시리즈의 가장 큰 장점은 내용과 형식의 조화로, 아이들이 흔히 겪을 수 있는 일상사를 철학 이론으로 해석하고 재미있는 이야기로 담은 것이다. 또한 아이들의 눈높이에 맞는 쉽고 명쾌한 해설인 '철학 돋보기'를 덧붙였으며, 각 권마다 줄거리나 철학자의 사상을 상징적으로 표현한 삽화로 읽는 재미를 더한다. 철학 동화를 이끌어가는 주인공을 형상화하고 내용의 포인트를 상징적으로 표현한 삽화는 아이들의 눈을 즐겁게 만들어준다. 무엇보다 이 시리즈는 철학이 우리 생활 한 가운데 들어와 있고, 일상이 곧 철학이라는 사실을 잘 보여준다. 무엇보다 자기 자신을 극복한다는 것, 인간을 사랑한다는 것, 진정한 인간이 된다는 것, 현실과 자기 자신을 긍정한다는 것 등의 의미를 아이들의 시선에서 풀어내고 있다.